Jean-François Fogel et Bruno Patino ont débuté leurs aventures numériques par la conception et développement du site lemonde.fr. Le premier est toujours consultant ; le second est aujourd'hui responsable des programmes et du développement numérique de France Télévisions. On leur doit *Une presse sans Gutenberg* (2005).

Jean-François Fogel
Bruno Patino

LA CONDITION NUMÉRIQUE

Bernard Grasset

TEXTE INTÉGRAL

ISBN 978-2-7578-4070-2
(ISBN 978-2-246-76801-2, 1re publication)

Avertissement

En choisissant le format long d'un livre construit en chapitres, les auteurs n'ignorent pas qu'un discours sur Internet peut s'affranchir de la cohérence d'une architecture traditionnelle. Il peut être discontinu, oublier la relation entre la cause et ses effets et accumuler des faits, des données, des réflexions à la façon dont la mémoire vive d'un ordinateur voit tout passer sans rien retenir ni ordonner.

Dans sa première rédaction, le contenu de ce livre se distribuait entre cent soixante-cinq modules distincts, mais il est apparu que neuf mots-clés suffisent à regrouper en autant de chapitres le même propos. Le lecteur peut donc tenir pour secondaire l'organisation de cet ouvrage et naviguer entre les chapitres dans l'ordre qui lui sied. Il verra que les auteurs n'ont pas voulu s'émanciper des contradictions ni proposer une théorie unique de la relation entre les humains et les réseaux numériques. Sans s'être jamais connecté à un réseau et sans avoir non plus touché la souris d'un ordinateur, Jorge Luis Borges savait que « le lecteur écrit l'œuvre encore et encore ». Il le fait désormais sur le papier et sur l'écran.

Dernière précision : l'idée de nommer, lors de leur rédaction, chacun des chapitres par des titres d'ouvrages célèbres est apparue si commode que par volonté d'utiliser à fond cette analogie, et non par hubris, les auteurs les ont gardés. Les notes placées en fin d'ouvrage commencent par rendre à chacun ce qui lui appartient.

1

LA CONDITION HUMAINE

La connexion permanente

Il serait bon d'avoir un peu de modestie numérique. Malgré l'abondance des écrans qui nous entourent, malgré ces téléphones portables si souvent tenus en main, malgré les ordinateurs, les consoles, les télévisions, les tablettes et les liseuses, l'homo sapiens n'est pas devenu homo numericus. La parole, les gestes, les mimiques restent d'usage courant dans les échanges au sein des sociétés humaines. Nous ne vivons pas encore au sein d'une pure société de communication numérique et nous ne sommes pas non plus les expérimentateurs d'un nouvel âge de l'information. Mais nous sommes entrés, de plein gré, dans une époque neuve, et qui ne nous laisse aucun répit : le temps de la connexion permanente.

Toujours à portée d'un message ou d'un accès, nous nous trouvons à la fois en alerte et prêts à partir sur les réseaux numériques. Disponibles à toute heure. Notre vie change trop vite pour que l'on démêle ce qui appartient à la technologie de ce qui relève des comportements dans cette façon neuve d'être au monde. Mais chacun perçoit, à portée du doigt posé sur une souris ou un écran tactile, cette connexion qui perdure et façonne notre quotidien. La différence devient si ténue entre présent et futur qu'aucune machine ou logiciel ne résume notre condition. Toute innovation finit d'ailleurs par être dépassée ; le seul élément durable, c'est la connexion. Un login ajouté au mot de passe pour avoir accès à un réseau : voilà le léger bagage que chacun est sûr d'emmener demain avec soi.

« Le futur du futur, c'est le présent et cela terrifie les gens », observait déjà Marshall McLuhan au temps des balbutiements de l'informatique. Mais le passé offre une vision aussi inquiétante de la bousculade des temps actuels. Rien de plus révélateur, par exemple, que la situation du roi Louis XV en juillet 1749, quarante ans tout juste avant la Révolution, lorsqu'il éprouve la puissance de ce qui, aujourd'hui, dope nos flux numériques. Tout Paris récite alors le poème d'un auteur anonyme débutant par quatre mots de vindicte : « monstre dont la noire furie ». Il s'agit d'un crime de lèse-majesté car le monstre ainsi apostrophé c'est le roi de France. Le texte lui reproche le limogeage de l'un de ses ministres, le comte de Maurepas. Aujourd'hui, tout utilisateur des médias numériques sait que l'effet produit par une information dépend moins de sa source que de la manière dont elle circule. Mais sous Louis XV, agir contre un texte hostile suppose de frapper son auteur. Le souverain exige donc l'arrestation du poète sans mesurer qu'il défie un pouvoir hors d'atteinte, même pour un monarque absolu.

Il faut des semaines à la police – et douze louis

d'or, un an de salaire de l'époque – pour trouver un informateur qui dénonce François Bonis, un étudiant en médecine. Il aurait rédigé le texte. Interrogé le 4 juillet, le jeune homme reconnaît avoir tenu le poème en main, mais affirme l'avoir reçu trois semaines plus tôt d'un prêtre, Jean Edouard. Arrêté le lendemain, le prélat explique qu'il a en fait copié l'œuvre remise par un autre prêtre, Inguimbert de Montange. Ce dernier dirige aussitôt les policiers vers un troisième prêtre, Alexis Dujast. Et avec lui l'enquête quitte l'Église pour retourner à l'université, vers un étudiant en droit, Jacques Marie Hallaire, désigné comme étant l'auteur. Il révèle pourtant avoir été servi par un clerc de notaire, Denis Louis Jouret, qui démontre à son tour n'être que le récipiendaire d'un envoi de Lucien François du Chaufour, étudiant en philosophie, lui-même alimenté par un camarade de classe, un certain Varmont, qui se rend à la police et désigne un dénommé Maubert de Freneuse qui, lui, reste impossible à retrouver. En moins d'un mois, la piste d'un poème partout chanté dans Paris est perdue.

L'historien Robert Darnton a consacré un livre à cette enquête qu'il tient pour « l'opération de police la plus vaste » existant dans les archives du siècle des Lumières. Il affirme que cette « succession d'arrestations aurait pu continuer indéfiniment sans que l'on arrive à trouver l'auteur ultime ». La police du roi cherchait une personne, elle a trouvé un réseau social. Une série d'actes individuels issus d'un processus de communication qu'ils renforcent par leur action. À la façon d'un message ou d'une image courant sur Facebook ou Twitter, le poème sacrilège est lu ou écouté, puis copié, appris et à nouveau récité, chanté. Bien plus que le texte, c'est cette cascade d'échanges entre Parisiens qui est le cœur de l'affaire : la ville défie la cour. Le réseau est le message.

L'enquête de police révèle la trame complexe d'un partage d'informations dans une société. Il n'y a pas un poème contre le roi mais six. Au premier, traitant du limogeage du ministre, s'ajoutent celui contre sa nouvelle maîtresse, Madame de Pompadour (débutant par « qu'une bâtarde de catin »), celui sur la gestion du royaume (« Lâche dissipateur des biens de tes sujets »), celui qui parodie un arrêt du parlement (« Sans crime on peut trahir sa foi »), celui qui plaint les Français (« Peuple jadis si fier, aujourd'hui si servile ») et celui qui dénonce un roi indigne de régner sur eux (« Quel est le triste sort des malheureux Français »). Certaines personnes détiennent plusieurs poèmes, d'autres n'en ont qu'un. Et les textes varient tant qu'il est impossible d'établir la version définitive d'aucun des poèmes et encore moins l'itinéraire de sa circulation. Lorsque l'enquête s'interrompt, en juillet, quatorze personnes sont détenues à la Bastille. Toutes sont impliquées mais sans être plus qu'un maillon d'une chaîne qui traverse la capitale française.

Les historiens voient dans ce qu'ils appellent « l'affaire des quatorze » une preuve de la vigueur de la vie sociale dans une monarchie qui n'a plus qu'un demi-siècle à vivre. Mais pour nous, cette diffusion de poèmes est une fièvre banale. C'est ce qu'il est convenu d'appeler un buzz. Un buzz du XVIIIe siècle, oui ; mais un buzz, avec ce que cela suppose d'échanges et de partage. L'encre n'est pas effacée sur les écrits saisis par les policiers et que l'on peut toujours consulter dans les archives de la bibliothèque de l'Arsenal à Paris. Mot à mot, on y lit les contraintes d'un processus qui exigeait que les gens se rencontrent pour partager une information. Dans une société semi-illettrée, reproduire un message est affaire de mémoire ou de copie manuscrite. Nombre des poèmes se chantaient aussi sur l'air d'une chanson célèbre, ce qui les rendait faciles à retenir. Mais pour qu'une information circule, il fallait que deux personnes se rencontrent, une tâche qui se ramène dans notre univers numérique à la simple activation d'un bouton « faire suivre » avec impact immédiat chez le destinataire.

Du média à l'espace social

Internet a donné à ces échanges que les sujets de Louis XV maîtrisaient déjà une ampleur, une fréquence, une instantanéité si abouties que le réseau s'en est trouvé métamorphosé. Après son émergence, au début des années quatre-vingt-dix, il comptait deux épisodes décisifs dans son histoire : la création du premier navigateur, Netscape, pour voguer de page en page et de site en site, et la mise en ligne du premier moteur de recherche efficace, Google. Grâce à ces deux outils, un internaute avait plus de pouvoir et d'autonomie, à la fin du XXe siècle, que l'utilisateur de tout autre média, mais Internet demeurait un média de masse à classer sans hésiter sur la liste où figurent, par ordre d'apparition, le livre, la presse, le cinéma, la radio et la télévision.

Le nombre d'internautes, le volume du trafic, l'effectif des sites : tout indiquait qu'Internet grandissait plus vite que tout autre média lorsqu'il s'est transformé avec le succès explosif de quatre technologies devenues disponibles en vingt mois.

1. le 23 avril 2005, un développeur, Jawed Karim, met en ligne une vidéo intitulée « moi au zoo ». Il crée du même coup la plate-forme YouTube destinée à l'hébergement de vidéos.

2. le 21 mars 2006 Jack Dorsey envoie le premier tweet avec une technologie qu'il a créée, Twitter, un micro-blog envoyant des messages de façon instantanée.

3. le 26 septembre 2006, le réseau social Facebook, réservé jusque-là aux étudiants d'universités et de collèges américains, passe en accès libre.

4. le 9 janvier 2007, Steve Jobs présente l'iPhone d'Apple, un téléphone portable qui est aussi une plate-forme de services préformatés avec des applications pouvant notamment traiter le son, la photo, la vidéo et le texte.

Aucune de ces innovations ne change le quotidien des internautes. Mais leur adoption simultanée par l'audience change Internet du tout au tout. Ce qui était un média de masse se mue en une entité d'une nature différente : un espace social où la communication par le texte et l'image devient instantanée et sans limites. L'utilisation intensive de la plate-forme YouTube rend poreuse la frontière traditionnelle entre le texte et l'image. Mieux, en répandant l'emploi de mots-clés pour décrire les contenus, YouTube réalise la « textualisation des images », selon la formule de Bernard Stiegler, et ouvre une nouvelle compétition avec le texte qui, jusque-là, avait pour seul rival l'oralité. De même Twitter fait du temps réel la temporalité normale du numérique. Facebook installe l'utilisation nouvelle des outils, des applications, des réseaux pour gérer une vie sociale à une échelle industrielle. Enfin, l'iPhone généralise l'emploi des applications, un outil numérique puissant, capable de cibler des usages précis et d'utilisation plus ludique que le logiciel.

Internet n'évolue pas selon le plan secret de quelques éditeurs ou producteurs de technologie qui fixent son devenir. Sa transformation brutale résulte des nouveaux usages de millions de personnes que la généralisation de la connexion téléphonique 3G affranchit de toute obligation, y compris celle de se trouver face à un ordinateur sédentaire. Dans cette affaire, le changement dépend moins de l'apparition des technologies que de l'activité des internautes. Et cette activité installe un usage social frénétique des nouvelles offres numériques. Il s'agit d'un mouvement d'une ampleur historique, semblable à la migration de masse d'une population vers un nouveau continent, en l'occurrence le numérique. Sept ans après le lancement de YouTube, l'équivalent de trois jours de vidéos sont mises en ligne chaque minute sur la plate-forme. Six ans après le lancement de Twitter, trois cent quarante millions de tweets sont émis chaque jour et plus de neuf cents millions de personnes possèdent un compte sur Facebook. Cinq ans après l'annonce de la création des applications (le premier magasin viendra en fait près d'un an plus tard), plus de soixante-cinq milliards sont en circulation sur des téléphones et des tablettes.

Il n'est définitivement plus possible de considérer Internet comme un média ; il se trouve même à l'exact antipode de ce qui caractérisait les médias, la diffusion d'un contenu à partir d'une source unique : atelier d'impression, émetteur de radio ou de télévision. Sur Internet, tout récepteur est un diffuseur potentiel et le devient aisément grâce aux réseaux sociaux où les actions massives de partages, de recommandations l'emportent – et de loin – sur les échanges traditionnels de messages entre deux personnes. Quand on a des milliers ou même seulement des centaines d'amis sur un réseau social, on ne parle pas à chacun d'eux, on se connecte. Et l'objet de la connexion c'est d'abord de se connecter à d'autres internautes et non les publications de quelques médias, entreprises ou institutions.

La viralité sociale, visant à faire circuler des contenus – texte, image, vidéo, son, application, etc. –, à la façon dont un virus contamine une population, est la dynamique d'Internet. Le mouvement est une forme qui l'emporte sur le fond. On pense à la confidence du peintre Henri Matisse, « je ne peins pas les choses ; je ne peins que leurs rapports », en voyant que l'essentiel de l'activité n'est pas tant de produire des contenus que d'amener des amis ou l'audience vers ces mêmes contenus en réponse à un message.

Rien ne permet encore de trancher sur la qualité et la pertinence des échanges sur les réseaux sociaux. Sherry Turkle, un professeur du MIT qui étudie cette communication, a publié ses travaux sous le titre lapidaire *Seul ensemble* pour expliquer comment ce nouvel espace social nous fait « sacrifier nos conversations au profit d'une simple connexion ». Jaron Lanier, le penseur qui a inventé le terme « réalité virtuelle », ne croit pas pour sa part à une solitude cachée derrière la connexion mais parle d'une « culture de réaction sans action » aux échanges appauvris par leur fragmentation. À l'opposé, des essayistes utilisent le terme « noosphère » pour évoquer un cerveau collectif formé par la somme de toutes les personnes connectées. Dans tous les cas, une conviction est partagée : la connexion permanente n'est pas une affaire de médias de masse qui tiendrait une audience captive. Elle appartient au champ social et tient dans une expérience qui interdit l'isolement.

On a beaucoup moqué le premier voleur pris en ligne, *in fraganti*, Jonathan G. Parker. Il avait dérobé deux bagues, en août 2009, dans une maison de Martinsburg, dans l'Etat américain de Virginie. Mais il n'avait pu résister à la tentation de vérifier sur l'ordinateur du lieu les messages reçus sur sa page personnelle du réseau Facebook. En omettant de se déconnecter avant de décamper, il avait signé son larcin sur l'écran et provoqué son arrestation ; pourtant, plus que l'aveu fortuit d'un délit, son étourderie est l'expression de la dépendance de millions de personnes : il ne leur est plus possible de se soustraire à l'espace social auquel la connexion donne accès. De là le spectacle partout visible, dans les lieux privés et publics : visages penchés sur un écran, écouteurs aux oreilles, mains dont les doigts se partagent la tenue d'un support et le contact avec ses touches. Il s'agit de bloguer, skyper, tweeter, poster, naviguer, envoyer et relever des sms et des mails, googleiser et, par-dessus tout, ne pas perdre la connexion. Je suis connecté, donc je suis…

L'immédiateté

Le film *Avatar* a proposé une représentation visuelle poétique, quasi cosmique de la connexion. On y voit les Na'vi, ces géants bleus et bons, tresser leur chevelure avec la crinière de leurs dragons ailés et les branches de l'arbre-maison où ils vivent, afin de constituer une sorte de réseau Internet écologique en parfaite osmose avec l'environnement. La séduction du film, le plus grand succès commercial de l'histoire du cinéma lors de sa sortie, tient entre autres à la plénitude de cet écosystème qui ne délaisse rien ni personne. L'attente des humains envers Internet est tout le contraire. L'espace n'y joue aucun rôle : nul n'imagine se connecter dans tous ses recoins. En revanche, le temps est le facteur-clé. « Si nous vivons un âge de l'information, qu'est-ce que nos enfants savent que leurs parents ne savaient pas ? » demande David Gelertner, qui le premier a imaginé le concept du « nuage » pour stocker les données. « La réponse, ajoute-t-il, c'est *maintenant*. Ils savent "à propos de maintenant". La culture de l'Internet, c'est la culture de maintenant. Internet vous dit ce que font vos amis et ce que sont les nouvelles maintenant, ce qu'il y a dans les magasins et l'état des marchés et la météo maintenant, l'état de l'opinion publique, les tendances et les modes maintenant. »

À chaque instant, la question du chanteur Steven Morrissey s'impatientant, avec The Smiths, « C'est bientôt maintenant ? », reçoit en ligne une réponse claquant comme un soufflet : c'est maintenant et pas autrement. On touche là une forme d'absolu : si l'axe principal d'Internet n'est pas l'espace mais bien le temps, il ne s'agit pas non plus d'un véritable axe le long duquel il serait loisible pour l'internaute de se laisser glisser. Cet axe se ramène à un point unique : maintenant. Les applications, les moteurs de recherche, les sites, les usages des internautes eux-mêmes : tout poursuit une ambition d'immédiateté qui dans son exclusivité devient une façon autre de respirer.

Avant le numérique, vivre une expérience était une chose lente, personnelle, une façon de s'approcher des choses, des gens, des situations et d'avoir la sensation sinon de les dominer, à tout le moins de les comprendre et de se situer en regard. L'expérience numérique est autre. Elle tient du flux, du mouvement, de la séquence, du rapport immédiat entre des contenus dont on peut rester détaché mais dont on détermine ce qui les relie. Il existe désormais une nouvelle idée de l'expérience, affirme Alessandro Baricco, dans un ouvrage provocateur sur la mutation en cours, *Les Barbares*. Pour décrire la vie numérique où tout se ramène à l'échange de liens, l'essayiste italien use d'une métaphore à la justesse étonnante : nous voulons, constate-t-il, « respirer avec les branchies de Google ».

Le moteur de recherche qui scanne le réseau Internet afin d'indexer, ranger, classer, pondérer puis, enfin, livrer des liens, c'est-à-dire des adresses de pages menant à des contenus de toute nature, est en fait le modèle de toute activité sur le réseau, y compris celle des humains. La seule temporalité significative est désormais celle que l'on appelle le temps réel, comme si vivre tout autre instant dans la vie numérique équivalait à sortir de la réalité. Il faut être là, connecté, toujours, ou bien renoncer au réseau. Il suffit de recouper l'emploi de trois expressions anglaises devenues universelles, pour constater que le *showtime* du spectacle d'autrefois a été supplanté par le *primetime* du rendez-vous médiatique qui désormais s'efface devant le *breaking news* du flux numérique. Plus question de fixer un rendez-vous pour un moment donné dans le flux du temps ; désormais il s'agit de veiller afin de voir comment ce flux se brise pour renaître à chaque arrivée d'un nouveau message.

L'architecture des contenus est conçue pour cette fragmentation répétée au service de l'immédiat : sms et push du téléphone, tweet du microblogging, statut du réseau social, live des sites de presse, alerte venant éclore sur l'écran qu'elle envahit. Sur tous les écrans, tout s'organise en une rafale de publications dont la plus récente est la mieux exposée. Cette soumission à l'immédiateté pèse sur l'expérience. Recevoir chaque donnée, chaque signal, chaque fait, chaque message, y compris les plus personnels, sans la moindre pause, c'est bien sûr donner toute sa place à la surprise, au choc, à l'émotion. Plus encore, c'est se bâtir une narration fragmentée du monde faite d'ajouts successifs. Une expérience numérique est un kaléidoscope en rotation : un univers faits d'alertes, de messages, de commentaires mordant sur les contenus et de liens présentés dans leur ordre d'arrivée. Les incohérences et les manques existent, le rapport entre la cause et l'effet est souvent fortuit, les explications se chevauchent, voire se contredisent, mais un dénominateur commun unifie l'ensemble en regard du temps : le désordre est actualisé en permanence.

Dans l'expérience numérique, chacun est, selon la formule du poète T.S. Eliot, « distrait de la distraction par la distraction » dans une répétition de ruptures qui en est l'un des traits essentiels. Pour Cory Doctorow, éditeur du blog Boing-Boing, cela s'explique par l'existence de « technologies de l'interruption : messages instantanés, alertes e-mail, alertes RSS, sonneries Skype, etc. » qui hachent toute communication en épisodes découpés par accident. Roberto Igarza, chercheur à l'université Austral, en Argentine, préfère relever l'émergence du « loisir interstitiel », un comportement de digression qui peut ne durer que quelques secondes et se glisse, grâce aux outils numériques, dans la continuité apparente d'une tâche. L'essayiste Nicholas Carr propose, lui, de considérer le processus d'appréhension de l'information sous forme numérique : elle reposerait sur « le scannage et l'écrémage », méthodes favorables à des changements ultra-rapides des centres d'intérêt. Internet fuit les longs discours : la vertu de l'expérience numérique tient à l'interruption permanente.

Immédiate, faite de ruptures subies et voulues, l'expérience numérique n'a en fait qu'une seule analogie évidente au sein des activités humaines : le jeu. La popularité des jeux électroniques a précédé l'usage massif du réseau Internet. Le passage de l'un à l'autre offre une continuité : interface avec un écran, interaction, vitesse des affichages et conviction de l'utilisateur de piloter une expérience qui lui est propre. Pour les concepteurs de sites ou d'applications, la « gamification », l'approche vouée à bâtir une interface à la façon d'un jeu, est une référence courante. Dans le vécu d'une expérience numérique se retrouvent tous les types de jeux tels que les a catalogués l'écrivain Roger Caillois, en utilisant le latin et le grec : *agôn* (la compétition), *mimicry* (le simulacre), *alea* (le hasard), et enfin *ilinx* (le vertige, c'est-à-dire la modification des sensations).

En ligne, tout tient du jeu, depuis le bouton du

moteur de recherche de Google qui suggère « j'ai de la chance » (*alea*) jusqu'à l'usage des pseudonymes et des avatars sur tous les espaces d'expression comme dans un jeu de rôle (*mimicry*). La compétition (*agôn*) prend une dimension planétaire sur un réseau qui permet l'affrontement de personnes ou d'équipes sans qu'elles soient face à face. Quant à la modification des sensations (*ilinx*), elle est au cœur de l'ubiquité et de l'intemporalité d'un réseau sans limites et sans cesse disponible.

Roger Caillois avait relevé que les jeux connaissent deux déroulements opposés : le *ludus*, où tout se déroule selon un code et une procédure maîtrisés, comme dans une compétition sportive ; et le *paidia*, où une dynamique spontanée, non codifiée, tend à dicter le mouvement. Technologie oblige, c'est le premier terme de cette alternative qui l'emporte sur le réseau car les interfaces et les programmes définissent strictement les actions. Et c'est toujours la même mise qui est en jeu, celle que l'internaute ne peut perdre, puisqu'il s'agit de son attention qu'il déplace sans cesse à la poursuite de sa cible mobile : maintenant.

L'extension du réel

En réalité, vouloir vivre au présent mène vite à une situation de pénurie : le temps manque. Du coup, les usages numériques se superposent. Les statistiques sur la consommation de médias sont rendues de plus en plus difficiles à établir en raison des comportements multitâches des internautes, de l'utilisation d'un deuxième, voire d'un troisième écran, et du tuilage de la réception et des envois. Un tweet est souvent le commentaire dans un sens d'un flux qui circule dans l'autre sens. Une connexion n'est plus un robinet à contenus mais la plaque tournante d'un réseau.

Rédigeant une lettre pour son épouse, le 10 novembre 1942, depuis un hôtel du Minnesota, l'écrivain Vladimir Nabokov ironisait sur les deux offres de communication de son environnement : « une bible et un annuaire téléphonique dans ma chambre : de quoi faciliter la communication avec le ciel et avec le bureau ». Aujourd'hui, tout est au bout de la connexion : du spirituel au temporel, de l'intime au social, du média de masse au message visible par son seul destinataire. L'usage d'Internet ne cesse d'évoluer et il est aisé de voir que trois générations d'internautes se sont succédé. À la première qui usait de la connexion temporaire (le plus souvent dans un effroyable bruit de modem) a succédé celle de la connexion permanente (la « always on » selon l'anglophilie courante dans ce secteur) qui s'efface désormais devant la génération dite du nuage, celle qui non seulement est toujours connectée mais dispose au bout de sa connexion de toutes ses données privées et de tous les contenus disponibles sur le réseau.

Entre les deux dernières générations, il n'y a pas une simple différence d'attitude. Dans la pratique, les plus anciens internautes gardent dans le disque dur de leur ordinateur les données que la nouvelle classe range en ligne sur les plates-formes d'hébergement, ou, plus volontiers, renonce à stocker en s'en remettant au flux qui passe et, en cas d'extrême nécessité, au moteur de recherche. Mais dans l'approche même, un comportement neuf est apparu. La génération du nuage vit commodément avec un monstre, elle échange, dans un va-et-vient continu de données, avec un hypermédia qui ignore le sommeil et se complaît dans l'infobésité. La combinaison du multimédia, des liens hypertextes et du haut-débit a produit une gigantesque machine à contenus : flux permanents, disponibilité multi-supports, livraison de texte, image, vidéo de toutes les manières possibles aussi bien dans un média qu'entre des médias. Consommation illimitée et satiété à la carte.

Il est symptomatique de voir perdurer la confusion de langage qui fait du Web et d'Internet une seule et même chose. Confondre le réseau et l'un des convois qui y circulent, c'est trouver naturelle l'ampleur effarante du trafic auquel nous soumettons notre attention. Sur le réseau Internet, les pages des sites Web ne sont que des contenus parmi d'autres. Elles côtoient des messages instantanés, des fichiers musicaux et des vidéos reproduits de façon pas forcément légale, des e-mails, des conversations téléphoniques, de la télévision ou de la radio en direct, des logiciels, des fichiers porteurs de données, d'images, de textes et des applications. La liste s'allonge sans cesse et il devient parfois difficile de connaître l'itinéraire suivi à partir de la connexion – Internet en direct ou via un réseau téléphonique ?

Pourtant, si un préjugé demeure, c'est bien qu'il faut considérer cette connexion comme une frontière. L'opposition entre réel et virtuel est devenue un cliché du langage. La vie, celle que l'on éprouve de façon directe par nos cinq sens, relèverait du réel et ce que médiatise le réseau appartiendrait au virtuel. Rien n'est plus faux : une part essentielle de l'activité professionnelle, des échanges économiques, de l'éducation et même des élans affectifs a désormais lieu sur le réseau. Le chômeur qui cherche une embauche, le patron guidant son entreprise, le citoyen participant à la vie publique, l'étudiant en mal de produire un devoir, l'acheteur à la recherche d'un produit ou le séducteur en quête d'une conquête ne fuient pas vers un monde virtuel. C'est leur volonté d'agir, de conclure qui les pousse vers un réseau où l'expérience devient dense, lisible, efficiente. Dans l'action, Internet est un espace aussi concret que le monde réel.

S'il est un penseur qui résiste mal à Internet, c'est Jean Baudrillard. Ce théoricien du simulacre, de la séduction, du spectacle, convaincu et convaincant au moment d'expliquer que « le réel n'existe plus », a dénoncé sans répit le virtuel, et au premier chef les médias, dans nos sociétés. Pour lui, la « faune médiatique des technologies du virtuel » assassine la réalité et efface les traces de son crime en produisant une autre réalité. Il s'agit d'un crime parfait, explique Baudrillard : « une réalisation inconditionnelle du monde par actualisation de toutes les données, par transformation de tous nos actes, de tous les événements en information pure – bref : la solution finale, la solution anticipée du monde par clonage de la réalité et extermination du réel par son double ».

Internet pourrait être poursuivi pour ce meurtre si le réseau était demeuré ce qu'il était : un média, forcément voué à une représentation du réel. Mais dès lors qu'il devient un espace offrant à chacun d'agir pour de bon avec des effets en retour dans sa vie personnelle, professionnelle, patrimoniale, etc., il se transforme en avant-poste du réel. Est-ce pour autant un lieu où l'on peut vivre sa vie ? Cette question absurde est rendue valide par la multiplication au Japon des « hikikomoris », ces adolescents qui s'enferment dans leur chambre et n'ont plus que des relations sociales médiatisées par un dispositif électronique. Hikikomori veut dire « confinement ». La pathologie est définie : le malade est reconnu comme tel s'il a vécu au moins six mois d'une existence d'anachorète néanmoins connecté au réseau, sans sortir de son domicile si ce n'est, de nuit, pour acquérir des aliments.

Le traitement de la maladie – des centaines de milliers de cas déjà – est réalisé par ce que l'on appelle des « frères de louage », une fratrie qui utilise l'écrit pour se rapprocher du patient, avec au départ un contact proche et physique, comme une lettre glissée sous une porte, afin de tirer le solitaire vers la socialisation. Ces thérapeutes sont formels : un hikikomori souffre de carence. Il n'est pas coupé du réel, mais son réel intégralement numérique est nu, pauvre et – plus grave – dépourvu des registres du symbolique et de l'imaginaire selon l'approche classique de Jacques Lacan. Les tentatives ludiques de bâtir avec le jeu en ligne un monde virtuel qui soit la réplique de la vie tout entière (*Second Life*), la vie fermière (*Farmville*) ou urbaine (*SimCity*) ont toutes trouvé leurs limites – et un concurrent impossible à vaincre – dans la richesse, implacable et sans alternative, du réel que prolonge le réseau.

Quant Internet n'échoue pas à simuler le réel, mais qu'il propose au contraire d'y agir avec des réseaux sociaux, des applications et les interfaces des sites, sa nature ne peut être mise en doute : c'est une extension du réel. Aucunement un monde virtuel, mais plutôt une fiction au sens où le définit le dictionnaire : une histoire feinte. Une simulation du réel qui a toutes les caractéristiques d'une histoire vraie et qui donc se raccorde sans difficulté au réel. Quand on s'échappe vers le réseau, la définition du réel ne change pas : « le réel c'est l'impossible », affirme Lacan ; c'est le lieu de la confrontation où le désir vient butter sur des faits et des données. La vie connectée épouse la vie tout court, elle la prolonge et le passage de l'une à l'autre est chaque fois plus imperceptible. La connexion ne change pas la vie, elle étend sa dimension sociale, sa temporalité et l'espace du réel.

Une forme nouvelle de la condition humaine naît de l'accès permanent au réseau. Chaque seconde passée devant un écran justifie l'avertissement adressé à Anakin Skywalker, encore enfant, au début de *La Guerre des étoiles* : « Souviens-toi, lui dit le

Jedi Qui-Gon Jinn, c'est ton attention qui détermine ta réalité. » L'expérience numérique est désormais une veille sans fin qui transforme tout. Les mass médias, les loisirs, le système de production, les rapports interpersonnels et même l'idée que nous nous faisons du réel sont redéfinis dans l'attention portée à un écran, parfois même à plusieurs écrans à la fois, et chacun pour soi puisque chacun vit à travers sa connexion. Les usages ont changé si fortement que la réflexion millénaire sur la nature humaine ne peut plus ignorer cette nouvelle condition numérique, celle de l'humain enchaîné à sa connexion comme Sisyphe à son rocher.

2

VIE ET DESTIN

L'identité de l'internaute

Quelques signes suffisent pour éprouver comment la condition numérique change la vie. Écrire : –) ou : – (voire =) sans oublier ; –) ou bien |–D c'est se plier à un exercice imposé par la présence d'un écran : exprimer son émotion, sans les traits du visage, l'intonation de la voix, le toucher, le langage gestuel. La contrainte est tout aussi forte pour se situer dans le temps et l'espace. En remplaçant la date et l'heure par l'immédiateté et le nom d'un lieu par l'universalité de son réseau, Internet écarte les repères utilisés depuis l'invention de la carte et de la pendule. C'est dans un univers social, temporel et spatial en réinvention totale que chacun construit sa vie numérique.

L'entreprise est d'une ampleur prodigieuse : plus de deux milliards d'internautes se façonnent une identité pour exister dans ce monde en devenir. Mais dans le détail, tout reste modeste, presque réservé ; chacun se soumet à la règle de Gustave Flaubert créant les personnages de ses romans : « Pas de monstres, et pas de héros ! » Les figures authentiquement issues d'Internet, celles dont l'action est née sur le réseau mondial afin d'y agir, restent des personnages mineurs, souvent les hérauts d'un quotidien. Au premier rang se trouvent Salam Pax (alias Salam Al-Janabi), le blogueur qui racontait la vie de Bagdad à l'arrivée des Américains lors de la seconde guerre du Golfe ; Wael Ghonim, le cadre de Google, dont le compte Twitter respirait au souffle de la révolte qui a chassé Hosni Moubarak du pouvoir en Égypte ; l'avocat Alexei Navalny, qui a fait de son blog la chronique de la corruption ordinaire sous le joug de Vladimir Poutine en Russie ; la cubaine Yoani Sánchez dont les écrits, traduits en vingt langues sur le Web, ont exaspéré Fidel Castro.

Ces personnes se saisissent, faute de mieux, du levier numérique pour s'exprimer là où le débat public est bridé par l'État. Internet ne peut voir en elles les héros de son propre espace, pas plus qu'il ne possède en propre des stars ou des monstres de célébrité. Un coup d'œil sur le classement des leaders d'audience des réseaux sociaux montre en effet une notoriété conventionnelle. Les messages instantanés du président de la première puissance du monde sont un peu moins suivis que ceux de quelques chanteuses et chanteurs, tandis que des footballeurs et des acteurs ne sont pas classés très loin. Dans beaucoup de ces cas, c'est une agence de relations publiques qui empoigne le levier numérique pour ajouter une facette à une visibilité acquise hors connexion.

Au ras du réseau en revanche, dans l'ordinaire d'une connexion, la vie numérique ne procède pas d'une campagne de promotion tous azimuts mais de pratiques à la fois intimes et sociales. Être seul face à un écran et mis en mouvement par d'autres qui sont dans la même situation est un état contradictoire et très partagé. William Gibson, l'inventeur du terme « cyberespace », apparu dans son roman *Neuromancer* en 1984, l'avait deviné en voyant pour la première fois une publicité pour des ordinateurs personnels à un arrêt de bus. « J'ai pensé, se souvient-il, que tout le monde en aurait un et que tout le monde voudrait vivre dedans. Et d'une certaine façon j'ai su que l'espace situé derrière tous ces écrans d'ordinateur serait un seul univers. »

C'est dans cet univers de solitude et de partage que les identités numériques sont façonnées. Il s'agit d'un travail de fou au sens propre : fixer le moment présent dans un échange avec des absents. La courte histoire d'Internet est d'ailleurs émaillée de la dénonciation des maladies dues au stress ou à la fatigue mentale dont seraient menacés les utilisateurs du réseau. Réelles ou non, elles nourrissent un catalogue de pathologies révélatrices des cibles d'une existence numérique. On trouve (avec une inévitable dose d'anglicismes originels) :

- Attention partielle continue (*Continuous partial attention*) : comportement, décrit par l'informaticienne Linda Stone, d'un sujet qui prête attention de façon superficielle et continue à de multiples sources d'information.

• Trouble obsessionnel compulsif (*Obsessive compulsive disorder*) : trouble anxieux généré par l'apparition récurrente chez un sujet de pensées intrusives entraînant des comportements compulsifs.
À la différence de Sigmund Freud, qui explique la genèse de cette pathologie dans des conflits inconscients, la source souvent évoquée sur Internet est la permanence de la connexion qui incite à des tâches compulsives et récurrentes comme de vérifier ses messages ou son courrier.
• Etat d'hyper-attention (*State of hyper attention*) : comportement d'un sujet qui déplace rapidement son attention entre plusieurs tâches afin de garder un niveau élevé d'excitation. Katherine Hayles, le professeur californien qui a repéré ce symptôme à diffusion générationnelle, ne le confond pas avec l'activité multitâches qui consiste à mener plusieurs tâches de front par volonté d'être productif.
• Trouble du déficit de l'attention avec hyperactivité (*Attention deficit hyperactivity disorder*) : trouble du comportement d'un sujet combinant déficit d'attention et hyperactivité. Ce trouble classique du développement, dont l'origine est tenue pour partie génétique, serait renforcé chez les adolescents par l'usage des outils numériques.
• Syndrome de la vibration fantôme (*Phantom vibration syndrome*) : trouble de la perception d'un sujet sentant vibrer le smartphone qu'il porte sur lui alors qu'il ne vibre pas ou, dans les cas plus sérieux, qu'il ne porte aucun appareil de ce type. Cette dénomination reste concurrencée par les néologismes *hypovibrochondria* et *rinxiety* dont l'étymologie est orientée vers la peur et même l'anxiété.

Au-delà du recyclage traditionnel d'anxiétés en troubles mentaux, il y a dans cette liste un constat logique : tout changement de l'environnement médiatique provoque une réponse différente. L'activité est plus forte. L'attention ne diminue pas, mais elle est distribuée de façon distincte ; plus vive, plus ouverte, voire dispersée, elle participe d'un jeu de miroirs où un internaute se voit agir sur les autres tandis que ces derniers agissent sur lui.

Pour un internaute, visiter sa page personnelle sur un réseau social, parcourir le flux de ses sms ou de ses messages Twitter revient à plonger dans un gigantesque jeu vidéo qui met sa vie en scène. Il tient tous les rôles. Il est Super Mario, le plombier du jeu de Nintendo, la bille du flipper, un DJ de contenus numériques, le rédacteur de sa boîte de courrier électronique et l'attaché de presse de ses émotions. Flux, clics, vidéos et alertes. L'expérience est immense, continue, et somme toute assez familière : le réseau est universel mais jalonné de proches et d'applications que l'on a choisies.

À la maxime fameuse prononcée par Andy Warhol en 1968 : « Dans le futur, tout le monde sera mondialement célèbre pendant quinze minutes », Internet oppose une parodie modeste : « Dans le futur, lit-on souvent, tout le monde sera célèbre pour quinze personnes ». La paternité de cette prophétie est partagée entre Nick Currie, un dandy, promenant dans les fêtes, de Tokyo à Berlin, un existentialisme de chanteur-blogueur, et David

Weinberger, un enseignant de la Harvard Law School et théoricien du « nouveau désordre digital ». Qu'il soit ressenti par un artiste ou analysé par un praticien, le réseau n'est pas vécu comme un immense branchement entre des machines mais comme un cyberespace social de proximité où chacun se sait reconnu et nanti d'une identité unique. La vie numérique est active, vécue dans l'hyper-attention car on est partout présent et avec ses proches.

Une identité éclatée

Depuis 2007, un internaute est dépassé par son ombre numérique. Autrement dit : la majorité des données stockées sur Internet qui le concernent n'ont pas été produites par lui de façon volontaire. Ses messages, ses photos et vidéos, ses écrits sur son blog, ses contributions sur les forums de consommateurs, ses requêtes aux moteurs de recherche, ses commentaires, ses références transmises aux sites de rencontres ou d'achats et ses contributions aux réseaux sociaux ne forment que la production artisanale, forcément limitée, d'un individu. Cela pèse moins que les données produites par les systèmes qui enregistrent et analysent ses visites sur les sites, son usage des applications, le contenu de ses messages, ses interactions, sans oublier le recensement de ses mouvements dans le monde physique réalisé par les caisses enregistreuses des magasins, les caméras de surveillance, les réseaux de téléphonie mobile ou les systèmes informatiques des entreprises.

L'ombre numérique, cette part des données due à la seule action des machines, n'est pas seulement plus importante, elle grandit également plus vite que les données créées par les humains. Partout se trouvent des traces de pas numériques laissées par le passage d'un humain qui ignore à quel point son parcours abonde en brisées. Parfois, cela alimente une petite fièvre dans la presse, comme lorsque les utilisateurs du téléphone portable iPhone et de la tablette iPad ont appris, en 2011, que leur position géographique avait toujours été relevée et transmise à Apple sans qu'ils en soient avertis. Le plus souvent, un torrent de données s'écoule sans que leur existence soit même discutée.

Une étude menée, en 2010, sur les cinquante sites Internet les plus visités des États-Unis, constate que sur chaque page il est réalisé une moyenne de dix collectes automatiques d'informations sur le visiteur. Deux ans plus tard, la même analyse du même échantillon trouve en moyenne cinquante-six collectes par page, certains sites réalisant la quête de plus de cent données sur l'internaute qui croit être en train de lire face à un écran quand sa machine déverse des confidences sur qui il est, ce qu'il fait, ce qu'il cherche et ses usages numériques. Les outils qui permettent ce travail, appelés *cookies*, *beacons* ou *flash cookies*, sont des mouchards, des morceaux de code informatique installés dans les machines des utilisateurs par les sites qu'ils visitent. Ils enregistrent les actions de l'internaute, ses clics, ses mouvements, ses centres d'intérêt, ses comportements récurrents afin de déterminer les produits, les offres de services ou les présentations de pages qui seront les plus à même de retenir son attention.

En toute franchise, les utilisateurs d'Internet ne sont pas fondés à se plaindre de cette capture de leurs données. Ils acceptent d'eux-mêmes, une fois connectés, de communiquer leur nom et prénom à des sites ou d'y créer des pseudonymes, de donner les références de leur crédit bancaire, d'héberger des photos et des vidéos d'eux-mêmes et de leurs proches, de signer des messages ou des commentaires, de décrire leurs goûts, d'indiquer les applications qu'ils utilisent et de signaler leurs enthousiasmes pour ce qu'ils ont lu, vu, écouté, au point d'installer sur Internet un véritable gisement de données les concernant. Dans les écoles de journalisme où les élèves apprennent à faire une enquête, le premier exercice, presque rituel, du début de scolarité a pour énoncé : faites le portrait de la personne assise à votre côté. Et presque toujours, sans sortir de la salle de classe, ni qu'une parole soit prononcée, apparaissent photos, adresses, messages, cercles d'amis, histoires universitaire et familiale d'une existence qui se lit sur le réseau comme à livre ouvert.

Pourquoi placer sur Facebook, Twitter, Tumblr, Pinterest, Foursquare, etc. des données privées de façon détaillée ? Une première réponse tient dans l'évocation d'un échange. Tout site ou réseau exige des données pour permettre à un internaute de se

« connecter » et donc en retour d'être visible et de s'exprimer. Une autre réponse tient à l'évolution des pratiques : au lieu d'archiver ses images, ses vidéos, ses textes dans son ordinateur, l'utilisateur d'Internet préfère les stocker sur des sites auxquels il peut accéder depuis n'importe quelle machine. Mais la vraie réponse, celle qui est enfouie au plus profond de l'existence numérique, tient à l'orgueilleux désir d'exister.

Pour bâtir son identité numérique, un internaute s'affiche partout et le fait savoir. Il envoie des messages pour annoncer qu'il met à jour sa page personnelle, qu'il aime la vidéo que ses amis regardent, qu'il leur envoie des photos, qu'il a commenté un article dont il recommande la lecture ou qu'il exprime son indignation ou son éclat de rire devant une information. Eloy Fernández Porta, qui enseigne les nouveaux territoires littéraires à l'université Pompeu Fabra, à Barcelone, relève que la mention d'une collection de liens menant vers des contenus est devenue une pratique universelle pour se présenter sur son blog ou sa page d'un réseau social. « Un profil numérique, écrit-il, ne se définit pas comme "la caractérisation d'une individualité", mais comme l'externalisation de liens changeants, nominaux et référentiels (produits de prédilection, pratiques privilégiées, etc.). Ces derniers ne *s'exposent* pas en tant qu'une émanation irréductible du moi, mais se *proposent* plutôt à l'intelligence de l'internaute en tant que *recherche d'une affinité* ou proposition d'accord minimal avec d'autres profils. Le rôle de "l'identité" a été transféré à l'objet… » On ne se présente pas en tant que personne dans la vie numérique, on présente sa récolte de liens.

Se targuer d'être un internaute est vain. En revanche, il est gratifiant d'être cet internaute qui partage ceci, qui commente cela, qui a vu autre chose encore et qui, au total, s'associe à des contenus numériques pour réaliser « des millions de petites publicités pour lui » comme le relève ironiquement l'écrivain David Shields. C'est dans l'ajustement d'instruments digitaux connectés que se bâtit une identité fragmentée entre les images, les messages, les commentaires. L'énorme utilisation des réseaux sociaux (les plus utilisés tant en durée qu'en nombre des visites) n'a pas d'autre explication : ils permettent d'envoyer en temps réel des messages et des contenus numériques commentés vers un groupe d'amis, de fans, voire vers quiconque se montre intéressé. Le show numérique est mené en permanence sur chaque page.

Pour autant, aucun parallèle avec l'exhibition proposée aux téléspectateurs par les programmes de téléréalité n'est fondé. Il s'agit exactement du contraire. Le dispositif de la télévision dépouille la personne de toute référence et l'expose à tous dans l'espace unique où le programme est réalisé. L'internaute, à l'opposé, est exposé sur un très grand nombre de pages avec, chaque fois, un contenu, un message pour accompagner sa présence. Il est partout, mais il ne peut être davantage que la somme des contenus et des liens qui sont censés le représenter et dont chacun est appréhendé isolément.

Le contraste entre l'ampleur de l'identité numérique et l'infini de sa fragmentation est un trait inhérent à la vie sur les réseaux. Sensation d'être à la fois immensément présent et haché menu, émietté entre les pages qui abritent les textes, les messages, les photos, les vidéos, les jeux où nous trouvons une part de nous-mêmes. Pour la romancière Zoe Smith, c'est le produit d'un pacte faustien que chacun passe au moment d'étendre son existence à l'espace numérique. « Quand un être humain devient un ensemble de données sur un site comme Facebook, affirme-t-elle, il ou elle est réduit. Tout rétrécit. Le caractère. Les amitiés. Le langage, la sensibilité. D'une certaine façon, il s'agit d'une expérience transcendantale : nous perdons nos corps, nos désordres intimes, nos désirs, nos peurs… Notre moi dénudé n'a pas l'air plus libre sur les réseaux, il a simplement l'air d'être plutôt la propriété d'autrui. »

Vie privée, vie publique

La découverte de l'existence d'une identité numérique liée à chaque internaute est venue avec l'épanouissement des réseaux sociaux. Jusque-là, on tenait pour impossible qu'un internaute se rende visible par le seul fait de naviguer sur Internet. Il semblait plutôt inatteignable, comme sur le dessin d'humour le plus connu de l'histoire du réseau. On y voit un chien assis sur une chaise de bureau, face à un écran d'ordinateur. La patte sur le clavier, il confie son émerveillement à un autre corniaud : « Sur Internet, personne ne sait que tu es un chien ». Paru dans l'hebdomadaire *The New Yorker*, en 1993, ce dessin procède d'une innocence révolue – le Web n'avait pas trois ans ! Les moteurs de recherche n'archivaient pas encore les requêtes, les réseaux sociaux ne donnaient pas d'écho à la vie privée, les sites commerciaux esquissaient à peine la gestion du panier de leurs clients, et nul n'imaginait les applications dévoilant en temps réel le lieu où se trouve un téléphone portable.

Qu'on mène une vie de chien ou pas, on était certain de garder sa vie pour soi au début d'Internet. C'était une situation où le philosophe Jean Baudrillard pointait sans peine des opportunités de fuite : « Le fait que l'identité soit celle du réseau, et jamais celle des individus, le fait que la priorité soit donnée au réseau plutôt qu'aux protagonistes du réseau implique la possibilité de s'y dissimuler, de disparaître dans l'espace impalpable du virtuel, et ainsi de n'être plus nulle part repérable, y compris pour soi-même, ce qui résout tous les problèmes d'identité, sans compter les problèmes d'altérité. » Avec la mutation du média en espace social, cette échappée n'est plus possible. L'internaute est confronté aux inévitables effets de la visibilité. Ne pas être connecté ou être visible, telle est la question de l'être ou ne pas être numérique.

Là encore, la vision initiale s'est inversée. La

peur d'être visible, quand elle existait, tenait à la crainte d'un pouvoir central qui utiliserait Internet contre un individu esseulé. Cette paranoïa n'est plus mentionnée qu'à propos des pays où le bridage des libertés individuelles existe, sur Internet et ailleurs, comme la Chine ou Cuba. Dans le reste du monde, Internet ne génère plus la peur du « big brother », du grand-frère de *1984* de George Orwell, trouvant dans un réseau mondial l'outil parfait pour surveiller tous les citoyens en continu et éliminer la possibilité d'avoir une vie privée et une liberté de penser. De même a disparu la peur que l'internaute soit perdu sur le réseau mondial, à la façon du prévenu du *Procès* de Franz Kafka, pris dans les processus d'une institution qu'il ne peut comprendre. L'activité effervescente des réseaux sociaux démontre chaque jour que les forces essentielles sur le réseau ne sont pas centripètes mais centrifuges. La crainte familière, désormais, c'est d'émietter les informations sur sa vie privée entre site, réseau, plate-forme et de ne pouvoir ensuite contrôler l'usage qui en est fait par un public mal intentionné.

Dans tous les pays, une institution organise le cadre de cette problématique. En France, la Commission nationale de l'informatique et des libertés (Cnil) répertorie dans ses documents les quatre mêmes exigences à l'endroit des « données à caractère personnel » que l'on trouve dans le monde entier : consentement, opposition, accès direct, rectification. Il s'agit de garantir à l'internaute qu'on stockera sur le réseau des informations le concernant avec son accord explicite et qu'il pourra en contrôler l'accès et les modifier ou effacer quand il le souhaite. Une ambition qui tient de l'édification d'un barrage face à un océan.

Pour preuve, les avanies endurées par Mark Zuckerberg, le fondateur de Facebook. En 2011, la presse publie des photos peu flatteuses de lui. Son entreprise avoue qu'elles viennent du site Facebook où elles étaient censées être inaccessibles. Comment s'étonner : il y a alors 90 milliards de photos sur le site, toutes apportées par les internautes, 200 millions s'ajoutent chaque jour, soit 2 300 par seconde. Et corriger une erreur est une tâche forcément imparfaite sur un site qui gère en même temps sa crise de croissance. D'ailleurs, c'est seulement depuis 2012 que Facebook sait effacer pour de bon des photos des serveurs où elles sont stockées lorsque l'un de ses utilisateurs parmi des centaines de millions le demande. Rendre la purge efficace aura pris trois années.

Des mises à disposition indues d'informations à caractère privé ont donc lieu, que ce soit à partir de Facebook ou d'autres sites. On apprend cela tous les jours. La police piste régulièrement sur les réseaux les stocks d'images des pédophiles et du même coup les arrête. La presse relate avec fréquence l'aventure toujours semblable d'un salarié chassé de son entreprise pour avoir publié sur Internet un document préjudiciable à sa relation avec sa hiérarchie. Une fête qui tourne mal après l'arrivée de centaines de personnes non invitées ayant eu vent de l'opportunité grâce à un réseau social est de même devenu un poncif des faits divers. De leur côté, les éducateurs appellent rituellement leurs étudiants à la prudence au moment de stocker sur le réseau des documents que pourrait voir demain le directeur des ressources humaines de l'entreprise où ils souhaitent travailler. Mais nul n'est dupe de ces coups de projecteur bien réels donnés sur la vie privée des internautes. Il existe trop peu d'accidents pour décourager ceux qui sont prêts à stocker des données personnelles sur le réseau. Plus encore, il s'est produit une modification étrange, une sorte de révision de la pudeur avec un nouveau dessin des frontières de la vie privée.

Dans *L'insoutenable légèreté de l'être*, l'écrivain Milan Kundera évoque un fait authentique : en 1972, la police du régime socialiste tchécoslovaque tente de détruire un militant politique, Jan Prochazka, en enregistrant puis en diffusant à la radio ses conversations privées. La révélation de plaisanteries, de gros mots, de propos imprudents manque de réussir, affirme l'écrivain, avant que le public ne réalise que cette manœuvre avilit en fait les policiers, « que le privé et le public sont deux mondes différents par essence et que le respect de cette différence est la condition sine qua non pour qu'un homme puisse vivre en homme libre ; que le rideau qui sépare ces deux mondes est intouchable… ».

Sur Internet, aujourd'hui, ce rideau est levé. La police tchécoslovaque en son temps n'aurait pu rêver de rassembler les données que les internautes publient d'eux-mêmes. Non par imprudence ou exhibitionnisme, mais parce qu'Internet n'est pas pour eux un univers partagé entre l'espace privé et l'espace public. C'est un espace social différent où le public est médiatisé par le privé. Un espace forcément proche, puisque l'internaute y trouve les contenus qu'il a choisis ou que ses amis ont choisis pour lui. Et lorsque cet espace s'élargit vers d'autres sites ou réseaux, c'est sur la seule décision de l'internaute qui croit rester dans la position de « maître de son monde ».

Réalités et phénomènes

Le paradoxe de la vie numérique c'est que les internautes s'y activent furieusement mais deviennent largement passifs quand il s'agit de changer leur existence. Ils vivent pourtant dans un univers où ils peuvent décider de tout, à chaque instant. Pas un site, pas un réseau qui n'offre des « options » et « préférences » pour permettre à chacun de paramètrer l'affichage sur l'écran, la gestion des données, l'accès aux photos, aux textes, aux vidéos, le traitement du droit de visite des autres internautes et, ultime promesse lancée face au temps, le maintien ou l'effacement de l'historique de l'activité. Le tout, verrouillé par la double serrure de la connexion (nom, mot de passe), a toutes les apparences d'un poste de pilotage d'autant plus inviolable qu'il est largement inutilisé.

Dans un univers de choix infinis, un pouvoir écrasant appartient au choix « par défaut », à celui que le système réalise lorsque l'internaute ne se prononce pas, faute de temps, de compétence ou d'intérêt. La personnalisation d'une page sur Internet, le plus souvent, c'est la seule gestion de son affichage : une image, quelques lignes de présentation de l'internaute et une jonchée de liens qu'il faut rafraîchir sans cesse. Au-delà de ces données de base, tous les éditeurs de site en conviennent, il est important que l'internaute sache qu'il peut prendre la main. Il ne le fait que rarement mais il se sent rasséréné par cette possibilité.

L'internaute n'est pas différent des membres de la société des Apôtres de l'université de Cambridge en Angleterre. Depuis deux siècles, cette tribu secrète, qui a vu défiler une élite intellectuelle comme le philosophe Ludwig Wittgenstein ou l'économiste John Maynard Keynes, utilise une blagueuse dichotomie pour classer le monde en deux catégories : eux-mêmes, qu'ils désignent comme la Réalité, et tout le reste qui est un Phénomène. Chaque internaute croit qu'il est un individu bien réel sur le réseau alors qu'il n'est qu'un phénomène dominé par son ombre numérique, un objet d'études produit par la compilation des données qu'il met en ligne ou captées dans le suivi de son activité.

Un temps, au tout début du XXIe siècle, un conflit portant sur la définition de l'individu numérisé a paru s'installer. D'un côté, il y avait la description proposée par l'internaute lui-même ajoutée à celle des autres internautes, la façon qu'ils avaient de le citer, d'en montrer des photos : c'était l'espace du réseau social. En face, se trouvait l'implacable algorithme du moteur de recherche, passant au scanner de son activité systématique toutes les pages de tous les sites pour compiler des données et les ordonner. Un algorithme est une suite d'opérations, en l'occurrence des analyses, effectuées dans un ordre donné et ce substantif, avec ce qu'il porte de culture mathématique, s'opposait assez bien à l'adjectif social : d'un côté les indications des humains, de l'autre les données produites par les systèmes. Mais cette opposition a vécu : l'énormité des données mises en mouvement et la célérité des réseaux imposent l'usage universel des algorithmes. Sur Internet, rien n'échappe aux calculs qui ajoutent l'action présente d'un internaute à ses actions passées afin de bâtir un profil de comportement.

Même sur sa page d'un réseau social où ses amis lui adressent des messages, l'internaute est servi en fonction de son profil. Il trouve d'abord les messages qui provoquent le plus volontiers son activité, les contenus semblables à ceux qu'il partage, les images, les vidéos proches de son univers. Son réseau a établi une hiérarchie de ses amitiés et la tient à jour en fonction des marques d'intérêt qu'il leur porte. Il est traité à l'identique sur un site de presse, une plate-forme de vidéos ou un magasin en ligne. Dans la version brutalement commerciale, cela donne le message « ceux qui ont acheté [ce que vous venez d'acquérir] ont également acheté.… » Dans la version conviviale, c'est l'annonce que tel ou tel de ses amis se trouve justement connecté lui aussi, en ce moment précis, sur le lieu où il se trouve : leurs retrouvailles sont possibles.

Le point d'arrivée ne varie pas : il s'agit de donner à chacun encore un peu plus de lui-même. Une tâche où les moteurs de recherche excellent puisqu'ils enregistrent nos demandes soudaines et nos questions récurrentes, nos recherches de produits ou d'adresses dans le monde physique et nos enquêtes en ligne sur des connaissances ou des inconnus, et au total ils savent ce que nous voulons. « Le moteur de recherche ultime comprendra exactement ce que vous demandez, affirme Larry Page, co-fondateur de Google, et il vous donnera exactement ce que vous voulez. » La promesse est séduisante mais semble courte pour toute personne avertie de cette activité. L'ambition ultime et plausible d'un moteur de recherche est d'indiquer à chacun une question qu'il souhaite poser avant même qu'il l'ait formulée.

« Au fur et à mesure que les outils et les algorithmes deviennent plus sophistiqués et que notre profil personnel est plus précis, affirme l'essayiste Nicholas Carr, Internet va agir de façon croissante comme une boucle à rétro-effet, précisément réglée, qui fait revenir vers nous, de façon plus puissante, nos préférences. » Déjà, chacun trouve avec une efficacité croissante ce qu'il cherche, ce qu'il croit ou ce qui est compatible avec ses dispositions à croire. Faute de brider l'historique de leur navigation et la personnalisation automatisée des services qu'ils utilisent, les internautes sont servis au plus près de leurs souhaits calculés par des systèmes. Cela fait d'eux des cibles commerciales idéales mais plus que de commerce, il s'agit là d'une relation au monde, d'idées, de liens personnels, de centres d'intérêt qui nous définissent et qu'Internet s'empresse de nous servir de façon systématique.

La dénonciation de cette « invisible auto-propagande qui nous endoctrine avec nos propres idées » est devenue le combat d'un militant d'Internet, Eli Pariser. Il a forgé le concept de « bulle-filtre » (*filter bubble*) pour décrire la couche d'algorithmes placée entre les ressources du réseau et les connexions. Pour lui, l'échange qui voyait l'internaute fournir des informations sur lui-même pour recevoir en retour des informations utiles est devenu biaisé. À l'attente d'une ouverture sur l'espace numérique répond une invitation à se replier sur soi : « Un monde construit à partir de ce qui est familier, dit-il, est un monde où il n'y a rien à apprendre. »

Mais quel monde l'internaute peut-il atteindre avec une connexion ? Telle est la question qui se pose au cœur de la condition numérique, la question de l'expérience vécue. Elle n'a jusqu'ici pas été traitée, pas même posée. Dans le monde physique, le sociologue Erving Goffman avait établi une hiérarchie catégorique. En rédigeant l'introduction des *Cadres de l'expérience*, son ouvrage destiné à définir de quelle façon une personne perçoit ce qu'elle vit, il distinguait « la vie sociale » et

« l'expérience individuelle » avant d'affirmer : « la société vient en premier quoiqu'il arrive et tout engagement individuel est second ». Canalisée par la connexion, filtrée par les algorithmes et personnalisée par les options de l'internaute, la vie numérique a, pour le moment, inversé l'ordre des deux facteurs. Pour l'internaute, l'expérience individuelle vécue au bout de la connexion est le début et la fin de sa vie numérique.

3

L'ÉCUME DES JOURS

L'engagement

Un des premiers témoignages sur la nature singulière de la vie numérique se trouve dans un message rédigé par un pionnier du réseau, Tom Mandel. Sur le point de mourir d'un cancer, il se confie, le 25 mars 1995 : « Je suis triste, terriblement triste, je ne peux dire à quel point je suis chagriné de ne pas pouvoir rester davantage pour discuter avec vous. » Connecté sur Internet depuis dix ans, donc avant même que le Web existe, à un légendaire forum d'innovateurs, le *Well*, il prend congé d'eux avec un constat effaré : « J'ai presque l'impression, leur dit-il, d'être celui qui va rester derrière vous afin de regretter que vous disparaissiez tous. »

Un moribond offrant ses condoléances aux vivants, c'est le paradoxe d'Internet : l'espace est gigantesque, fait de milliards de pages, mais un internaute en retient pour l'essentiel ce qu'il partage avec d'autres. De là l'incurable mélancolie de Tom Mandel : il a l'impression qu'Internet ne lui survivra pas tant le réseau lui paraît indissociable de ses échanges avec ses amis. « L'homme est un animal social », affirme Aristote – d'autant plus si c'est un internaute, faut-il préciser, puisqu'Internet est le haut-lieu de l'*engagement*.

Ce dernier mot, utilisé en anglais comme en français, désigne l'activité d'un internaute qui fait écho, vers l'audience ou vers ses amis, à sa visite sur une page. Les outils de partage de liens, d'images ou de vidéos sur les réseaux sociaux, les boutons d'expression des émotions, les systèmes de saisie de messages ou d'envois, voire les dispositifs automatisés annonçant qu'une page a été aimée, commentée ou simplement lue sont si répandus et utilisés que tout Internet paraît s'employer à la mise en circulation massive de liens. Il ne s'agit pas d'échanges personnels entre des internautes communiquant par mail ou par messagerie mais bien d'une activité déployée dans un espace social où ses effets sont perçus par tous.

Lorsque cette activité s'intensifie autour d'un contenu et envahit tous les écrans, la presse dit qu'un « buzz » s'est produit, sans trop savoir s'il s'agit du produit du hasard ou d'une mode. Mais, derrière ces poussées de fièvre, dans le quotidien numérique, un buzz de fond est sans cesse à l'œuvre. Il constitue le régime de croisière d'une industrie dont chaque internaute est l'ouvrier non payé. Toute page recèle un micro-buzz potentiel avec des signaux d'adhésion, des actions de partage, des commentaires, des envois de liens qui se réalisent à la moindre action d'un internaute. C'est au point que les marques, les entreprises, les magasins, les éditeurs de presse calculent en permanence le « taux d'engagement » sur chacune de leurs pages, sorte d'indice d'intensité d'une vie sociale connectée dont la croissance explosive prend à revers des siècles d'Histoire.

Depuis le Moyen Age, l'évolution des sociétés a servi l'émergence de l'individu. Permettre à chacun de se bâtir un destin autonome plutôt que d'être prisonnier de son lieu de naissance, sa fonction, son statut, voire d'une position héritée à sa naissance est une évolution indissociable de la montée de la démocratie, de l'urbanisation, de l'éducation et des émancipations politiques de tous types. Mais dans l'univers numérique, tout se passe comme si cette libération séculaire de la tribu, du clan, de la caste, de l'ordre, de la classe sociale s'inversait avec une socialisation tous azimuts allant de la fugitive confrérie de ceux qui sourient de la même vidéo d'un petit chat ou font circuler un tweet moquant un dirigeant jusqu'à la participation à un groupe d'amis durable sur un réseau social. Rebondir sur les autres, avec eux, parmi eux, est l'essence du comportement numérique au quotidien. L'engagement se doit d'être de tous les instants. Il n'a cessé de monter, année après année, avec l'irruption de nouvelles technologies passant des forums, blogs, messageries instantanées, sondages, commentaires et autres listes de contenus les plus prisés à l'installation généralisée sur tous les sites et les flux d'instruments de partage vers les réseaux sociaux comme Facebook, et les flux de microblogging comme Twitter. Être social et numérique ou ne pas être numérique, telle est désormais la question pour tout internaute.

Rien ne laissait prévoir que le réseau imposerait aussi vite une telle exigence. Les rapports d'expérience établis sur Arpanet, l'ancêtre d'Internet, expérimenté par des chercheurs américains, dans les années soixante-dix et quatre-vingt, pointaient une trentaine d'usages possibles : téléconférence, bureautique, suivi médical d'un patient, commandement militaire, éducation, etc. La vie sociale en était absente ; les échanges entre personnes n'étaient qu'une messagerie dormante, une boîte aux lettres où chacun relevait son courrier. Malgré tout, le ton des échanges a paru d'emblée différent, plus fluide, plus ouvert et spontané que dans le monde réel.

« On peut écrire de façon ramassée et taper sur le clavier de façon imparfaite, même en s'adressant à une personne plus âgée et qui occupe une position bien supérieure, voire une personne que l'on ne connaît pas très bien sans que le récipiendaire s'en offusque, s'étonnent deux chercheurs, Joseph Carl Licklider et Albert Vezza en 1978. Le ton formel et la perfection que la plupart des gens attendent d'une lettre dactylographiée ne semblent pas devoir s'associer aux messages du réseau, sans doute parce que le réseau est beaucoup plus rapide et qu'il ressemble au téléphone. »

Entre personnes connectées, une intimité est tout de suite apparue. Elle n'avait rien d'un lien formalisé et relevait plutôt, en dépit de son affichage écrit, d'une pratique neuve de la communication orale. Une « oralité secondaire » expliquait à cette époque de pionniers le philosophe Walter Ong, en prophétisant que des échanges rendus instantanés par la technologie électronique formaient « une oralité plus consciente, plus délibérée, basée de façon permanente sur l'utilisation de l'écriture… » Pour ce Jésuite américain attaché à l'étude des états de conscience, les ingrédients d'une rupture étaient rassemblés : « mystique de la participation, développement d'une perception partagée, concentration sur le moment présent ». Il suffisait qu'une technologie permette l'écriture – qui faisait défaut au téléphone, à la radio, à la télévision et au magnétophone – pour que, disait-il, « l'individu sente la nécessité d'être socialement attentif ».

Le passage de l'internaute individualiste des prémisses du réseau à l'internaute mobilisé par son engagement aux temps des réseaux sociaux, c'est, bien sûr, la mutation vécue par Internet. Le champ que peut atteindre une personne connectée est si vaste qu'on y repousse les références classiques de la vie sociale : un internaute compte jusqu'à des milliers d'amis, parfois si nombreux qu'il n'est possible de les décompter qu'en tant que fans ; et les suiveurs d'un simple compte de microblogging arrivent à dépasser le million.

Intimité spontanée et surpopulation : voilà le contexte de l'engagement, la part commune dans l'expérience vécue par les internautes. Ce n'est pas, loin s'en faut, l'ensemble de cette expérience mais le moteur de sa dynamique. Au-delà, l'engagement reste une affaire individuelle. L'animal internaute a beau être social et s'exprimer dans une « oralité secondaire », il garde un quant à soi numérique qui lui permet de jouer son propre jeu à chaque engagement.

Les interfaces de l'engagement

« Toute technologie raisonnablement efficace est impossible à distinguer de la magie », affirmait Arthur C. Clarke, l'auteur de *2001 L'odyssée de l'espace*. Sa proposition est impossible à négliger en considérant l'aisance enthousiaste de plus d'un milliard d'humains sur un réseau de haute technologie. La magie dans l'engagement de cette population tient dans la pratique d'une activité ludique, presque d'un jeu d'éveil pour enfants où les gestes sont si simples qu'ils se maîtrisent sans formation. Le « tap » ou le « slide » sur un écran tactile, le « drag and drop » du traîner/déposer, le clic sur la souris et l'étirement des doigts sur un trackpad. C'est un monde magique au sens propre où l'on peut dire qu'on aime ou envoyer un contenu d'un seul doigt, où la parole est inutile à moins qu'elle ne figure dans une vidéo, où tout baigne dans la lumière vive d'un écran rétro-éclairé dont on est le maître absolu.

Cet engagement se passe des canaux autrefois établis pour les relations sociales : l'échange face à face, le courrier porté par un tiers et la conversation téléphonique. Il va plus vite, il est plus direct, il offre des échanges intenses dans le silence et la solitude paradoxales d'une connexion. Il consiste littéralement à se regarder (sa page, son mur, son flux de messages, ses photos, etc.) dans le tourbillon de son activité face aux autres. La vie sociale n'est pas vécue mais vue dans une représentation affichée sur un écran.

Il s'agit d'un ajout majeur dans la respiration des sociétés humaines et qui repose sur des technologies affermies par des décennies de mise à l'épreuve. La création du jeu Spaceware, en février 1962, à l'Institut de technologie du Massachussetts (MIT), avait permis à deux personnes, pour la première fois, de voir la traduction de leurs actions sur un écran. Le jeu était simplissime : deux vaisseaux dotés de missiles tentant de se détruire en contournant une étoile. Quelques scientifiques seulement avaient accès aux monstrueux ordinateurs qui permettaient de faire tourner ce programme, mais tout était là : des boutons pour guider les vaisseaux au lieu d'un clavier pour rédiger le programme de leurs mouvements, un écran en tant qu'interface où chaque joueur voyait sa situation. Six ans plus tard, à l'Institut de recherche de Stanford, Douglas Engelbart, un ingénieur visionnaire, installait sur un ordinateur ce qui constitue les autres outils courants de l'engagement : la souris, le traitement de texte, les documents partagés, les fenêtres multiples.

À ce moment où seul l'ancêtre du réseau existait, car ni le Web ni l'ordinateur personnel n'avaient encore été inventés, les interfaces nécessaires à un usage social étaient disponibles. Leur diffusion ne dépendait plus, comme le relève Johnny Ryan, auteur d'une histoire de réseau, que des « deux caractéristiques premières qui ont défini l'essentiel du développement d'Internet depuis les années soixante-dix : le fait de donner le pouvoir aux utilisateurs avec un fort niveau de contrôle ou d'autorité ; et la faculté offerte aux utilisateurs de développer des relations avec d'autres utilisateurs et de participer à des communautés ». Les succès des forums, blogs, jeux en ligne, messageries, etc. puis des réseaux sociaux aux outils présents sur tous les sites montrent que l'audience ne se lasse pas des effets de ces deux tendances.

À la façon des enfants qui suivent et soignent un tamagochi, qui est la figuration numérique de la vie d'un animal de compagnie, l'internaute revient vers les interfaces de ses applications et programmes préférés afin de suivre la vie d'un animal social qui n'est autre que lui-même. En philosophie, on dirait que cet internaute est à la fois l'objet et le sujet de ses actions. Il est le sujet qui accepte d'être l'objet d'un dispositif de géolocalisation destiné à lui signaler les amis ou les options pratiques proches du lieu où il se trouve. Il est le sujet qui souscrit à la proposition d'avoir de nouveaux amis dont l'existence est déterminée par un programme l'ayant pris pour objet d'une recherche. Il est le sujet qui suit de quelle manière son action en ligne devient l'objet de renvois de liens à travers le réseau.

Il existe une fascination, proche de l'égocentrisme, dans le fait de suivre son écho social. « Il me suit », « il me retweete », « dès que je publie, il commente », « il me tague sur les photos », « il me trolle » : ces propos courants participent d'un émerveillement réel dans le constat de son existence à travers l'engagement d'autres internautes connus ou inconnus. La simplicité, l'efficacité d'interfaces qui ne demandent qu'un geste pour fonctionner contribuent à une pratique sociale immodérée et gratifiante. Le partage d'un buzz peut prendre la dimension d'une euphorie collective faite de réassurance : j'ai raison de penser ou d'agir ainsi puisque je ne suis pas seul ou, mieux, que je suis suivi et même relayé, pense alors l'internaute pris dans une dynamique de partage si vive qu'elle modifie son équilibre hormonal. « Quand nous tweetons, relève Stan Tatkin, professeur et clinicien en psychologie à l'université de Californie, nous avons des bouffées de dopamine et d'autres substances neurochimiques qui nous rendent excités. »

Pour être plus productive encore, l'audience développe elle-même, dans toutes les langues, des formes particulières de communication sur les sms, Twitter et les chats avec des versions contractées de ses messages mêlant raccourcis phonétiques, abréviations, contractions des phonèmes et simplifications grammaticales. Cette nova-langue constitue le centre de gravité de l'oralité nouvelle utilisant l'écriture. Les dénonciations de ces barbarismes par des tenants de la langue académique sont des combats sans espoir dans l'évolution normale d'une interface, estime David Crystal, professeur de linguistique à l'université du pays de Galles. « Le texto, juge-t-il, est simplement une variété du langage qui a émergé d'une technologie particulière. Il prend place à côté des autres médias de la communication électronique dus à la révolution d'Internet. »

Les outils et processus mis au service de l'engagement l'ont rendu si productif que durant quelques années on a surtout tenté de mesurer les relations sociales sur le réseau. Il fallait rendre compte et surtout fixer les limites du phénomène grâce aux recherches maintes fois citées de l'anthropologue et spécialiste de l'évolution Robin Dunbar. Ce professeur de l'université d'Oxford, attaché à l'étude de la relation entre la taille des groupes de singes et la dimension du néocortex de leur cerveau, avait, dans la dernière décennie du XXe siècle, étendu le résultat de ses recherches à un autre primate : l'homme. L'application de sa « loi de Dunbar » établissait, selon lui, la « taille moyenne d'un groupe » humain engagé dans une vie sociale à 148 individus. Chiffre confirmé par l'Histoire, affirmait-il, en citant aussi bien l'exemple des villages néolithiques ou des unités militaires opérationnelles de la Rome antique que celui des tribus nomades.

Pourtant, même en s'appuyant sur la possible marge d'erreur évoquée par Robin Dunbar (95 % de chances que la vie sociale d'un groupe humain comprenne entre 100 et 230 individus), aucune conciliation n'est possible avec les milliers d'amis d'un internaute sur Facebook et son possible million de suiveurs sur Twitter. Nouvelle preuve que le numérique altère le flux de l'Histoire : la réputation scientifique de Dunbar est demeurée intacte, mais il est acquis que la vie sociale possède une autre ampleur lorsqu'elle est connectée. Démultiplié par ses interfaces, l'internaute semble ne renoncer à aucun engagement.

Le passé présent

Plusieurs traits distinguent les millions de personnes qui appartiennent à la population amérindienne des Aymaras. Leur langue, tout d'abord, parlée avant même les débuts de l'empire inca dans une zone andine couvrant l'ouest de la Bolivie, le nord du Chili et le sud-est du Pérou ; leur tenue imperméable à la mode, ensuite, avec notamment pour les femmes l'extravagant mélange du chapeau melon et de la jupe large de couleur ; leur tempérament tenace, enfin, qui les a fait lutter contre les Incas, les Espagnols, la classe dirigeante blanche et même le premier président indigène de la Bolivie. Les Aymaras sont des gens à part, mais rien ne les distingue davantage que leur façon de nommer le passé (*nayra*) et le futur (*qhipa*). Sur ce point-là, jusqu'à l'apparition d'Internet, les Aymaras restaient uniques.

Dans tous les groupes linguistiques en effet, une convention implicite veut que le passé soit derrière nous et le futur devant nous. Il en est ainsi partout, dans tous les peuples et toutes les langues, sauf chez les Aymaras. Ils pointent du doigt vers l'avant au moment d'évoquer le passé et à l'inverse montrent l'espace derrière eux pour dire qu'ils traitent du futur. Leur représentation du temps est « radicalement différente de la métaphore spatiale communément trouvée dans les langages étudiés jusqu'ici », relèvent Rafael Núñeza et Eve Sweetserb, chercheurs de l'université de Californie qui ont consacré des années à l'analyse de ce mystère. L'explication de cette exception repose sur la métaphore utilisée pour représenter le temps qui passe et la personne qui observe le temps. Dans certains groupes linguistiques, la personne chemine le long d'un axe qui représente le temps et transforme le futur en passé au fur et à mesure de sa progression. Dans d'autres groupes, la personne est immobile et c'est le temps qui défile. Chez les Aymaras, ce n'est ni l'un ni l'autre : la métaphore ignore le mouvement ; la personne ne bouge pas, et le temps pas davantage. Chez les Aymaras, le schéma est statique, comme chez les internautes.

Ce parallèle a des racines profondes : la grammaire aymara impose de distinguer, plus que dans toute autre langage, entre celui qui parle avec une connaissance directe, personnelle de ce dont il témoigne et celui qui rapporte seulement ce qu'il tient d'un tiers. Voilà pourquoi l'Aymara place le passé devant lui et en parle avec une parole pleine, parce qu'il le connaît pour l'avoir vécu, comme l'internaute qui voit plein écran face à lui, les pages et les flux qui tous relèvent du passé puisqu'une connexion n'affiche que ce qui existe déjà sur le réseau. Et de même qu'un Aymara parle autrement du futur, qu'il lui tourne même le dos, puisqu'il n'en a pas la connaissance directe, l'internaute ne peut se déterminer ou agir face à des pages futures : tout ce qui se trouve en ligne relève du passé.

L'engagement, sur Internet, procède d'un effet rétro, d'un écho à ce qui est déjà publié. En regard du temps, le schéma est exclusivement tourné vers le passé et un passé qui confine au vertige puisque, sauf interruption du serveur qui l'héberge, une page ne disparaît jamais d'Internet. C'est ce qui provoque l'évocation récurrente de l'écrivain argentin Jorge Luis Borges lorsqu'il s'agit de décrire le sort de l'humain face aux milliards de pages qui s'accumulent sur le réseau. Conteur, critique, romancier, Borges a ajouté à sa vocation d'artiste une pratique professionnelle en tant que directeur de la bibliothèque nationale de Buenos Aires. Sa mort a beau être antérieure à l'apparition d'Internet, des ouvrages comme *Cy-Borges* ou *Borges 2.0* s'acharnent à trouver et trouvent au bout du compte dans ses écrits les prolégomènes du réseau. Comme l'invention de l'encyclopédie collaborative Wikipedia dans son conte *Tlön, Uqbar, Orbis Tertius* ou d'un index à la Google au service d'une bibliothèque numérique, virtuelle, inépuisable, à la dimension de la terre entière, anticipée dans un autre conte, *La Bibliothèque de Babel*.

Mais le texte réellement troublant, toujours évoqué pour dénoncer les dangers d'Internet, s'intitule *Funes el memorioso* (Funes qui a une très bonne mémoire). C'est le récit des vicissitudes d'Irineo Funes qui s'évanouit lors d'une chute de cheval et reprend connaissance avec un trouble de l'esprit : il se souvient de tout, absolument tout. De la forme des nuages à un moment précis, des gouttelettes d'eau tombées d'une rame ou des détails du déroulement d'une journée. Bien sûr, se rappeler cette journée avec précision lui prend une journée entière ; les mots d'une conversation s'ajoutent aux gestes des orateurs et au souvenir de la lumière qui les éclaire ; les faits les plus triviaux encombrent sa mémoire. Son esprit est envahi, écrasé par un fouillis de faits d'où rien n'émerge. « Ma mémoire ressemble à un monceau d'ordures », avoue-t-il dans cette parabole démontrant qu'un souvenir trop précis et trop grand interdit d'agir et même de penser.

Sur Internet, le problème a une tout autre ampleur car désormais Funes n'est pas le seul à se souvenir de son passé ; tout le monde peut utiliser Google et tout connaître du passé de Funes. Comment vivre avec Internet qui enregistre tout et n'oublie rien ? Comment changer si les autres peuvent à tout moment nous ramener à notre passé ? Ces questions courent derrière tous les articles de la presse racontant comment une embauche a été perdue ou un amant trompé averti de son infortune en découvrant sur un réseau social une photo compromettante ou la référence à un épisode qu'une personne tente précisément de masquer. Les écoles et les universités mettent explicitement en garde les étudiants sur les dangers que leurs usages numériques font courir à leur emploi futur avec des publications qu'ils pourraient regretter ensuite. Le possible retour du passé, tel un boomerang, au sein du présent est inhérent à l'engagement sur le réseau. S'y rendre visible, c'est y placer un bouton « replay » accessible à tous. « *Think B4 U post* » (pensez avant de poster sur un réseau) demandait une campagne financée par l'Union européenne. Jonathan Zittrain, un professeur de droit numérique à Harvard, propose même le principe d'une « banqueroute de la réputation » régulière afin que chacun puisse régulièrement entreprendre une nouvelle étape de son existence sans être handicapé par son passé.

Ce nettoyage, et parfois la prévention, des traces numériques est devenu une industrie coûteuse, hautement technique et discrète. Aucun exemple ne peut être cité, et pour cause, des chantiers menés par ces entreprises de nettoyage mais il est fascinant de voir qu'elles agissent moins par l'effacement de fausses informations que de faits véridiques (photos d'événements privés ou publics, participation à des activités sociales ou politiques, divulgation de données privées, lien avec des personnes devenues indignes, documents, etc.), tout ce qu'une personne considère comme préjudiciable à sa vie et son activité. Il suffit dans des pays où les enlèvements pour rançon sont monnaie courante de s'entretenir avec un père de famille qui veut masquer son patrimoine pour mesurer le tranchant des intrusions dont Internet est capable. Aucun engagement n'est innocent sur un réseau d'où rien ne disparaît par soi-même.

Sur Internet, il ne faut pas poser la question : est-ce le passé qui envahit le présent ou bien le présent qui s'approprie le passé ? Avec un moteur de recherche, l'alternative n'est pas fondée. L'engagement de l'internaute se réalise dans un présent ultra-ponctuel mais étendu à l'extrême pour absorber tous les mécanismes de mémoire. L'appel au passé qui s'attache à tout engagement (je vois, j'aime, je partage, je recommande, je cherche, etc.) s'énonce au présent mais il peut tout atteindre dans le passé.

L'étonnant n'est donc pas que le passé soit si présent sur le réseau mais que le présent, même doté de la puissance d'une connexion instantanée, n'en finisse jamais avec le passé. « J'ai oublié de me souvenir d'oublier », chante Elvis Presley. Tout le réseau fait écho à ses paroles.

L'espace émotionnel

Il n'est pas anodin que l'apparition d'Internet, au tout début des années quatre-vingt-dix, ait coïncidé avec le début des travaux sur l'intelligence émotionnelle. Le best-seller mondial de Daniel Goleman, *L'intelligence émotionnelle : pourquoi cela peut être plus important que votre coefficient intellectuel*, est paru peu après, en 1995, lorsque le nombre des sites Internet a explosé pour de bon. Environ deux décennies plus tard, le réseau s'étend sur la terre entière avec une présence si constante de l'engagement qu'il est impossible de ne pas voir Internet comme un théâtre des émotions. Ce qui semblait devoir n'être qu'un canal de diffusion de textes ou d'images est devenu le lieu le plus réactif des échanges entre individus.

Dans un registre particulier, intime et intrusif, Internet a connu une réception identique à celle réservée à la télévision en son temps. Pour les professionnels de la presse écrite, attachés à bâtir une hiérarchie de l'information et à la traduire dans la maquette de leur publication, la télévision avait d'emblée été perçue comme un média émotionnel quand eux pensaient poursuivre une approche rationnelle des contenus. À juste titre, un procès similaire a été nourri à l'endroit d'Internet. L'immédiateté des publications a d'ailleurs ajouté une sensation d'empressement sans retenue qui a parachevé l'image du réseau en tant que média jouant sur l'émotionnel. Sa mutation en espace social a encore durci ce trait. Comme le note Jack Fuller, un journaliste qui fut patron de presse à succès et romancier, le réseau dispose d'un atout inégalable : il nous interpelle de façon directe, il nous cible en venant nous distraire et nous demandant de tout interrompre pour s'intéresser à lui. « Cette distraction aujourd'hui, explique Jack Fuller, n'est pas neutre à notre endroit, comme le serait le bruit d'une usine. Elle nous appelle par notre nom. C'est ce qui fait qu'il est très difficile de couper nos messages. Nous portons des instruments qui permettent à n'importe qui connaissant notre numéro de téléphone ou notre adresse e-mail de nous faire signe. Que ce soit par choix ou par inadvertance, nous disons aux ordinateurs ce qui nous intéresse et ils nous envoient des réponses bardées de ce savoir. »

Jack Fuller a consacré un livre entier à comprendre l'effet de cette évolution sur le journalisme. Sa conclusion est sans appel : le premier impact se note sur l'internaute lui-même. Interpelé par chaque message, il est également bombardé par le nombre de ces messages qui créent les conditions classiques d'un stress : une situation où la réponse émotionnelle devient le seul mode de gestion possible. Sans cesse relancé, l'internaute n'est pas dans la maîtrise mais dans la gestion de crise. Les écoliers qui apprennent après Blaise Pascal que « le cœur a ses raisons que la raison ne connaît point » savent que la raison et l'émotion sont deux pôles distincts dans le traitement des informations reçues. La dynamique de l'engagement sur Internet, avec des messages nombreux pointés vers l'internaute, favorise le second terme.

Cela explique l'indignation qui saisit les internautes lorsqu'un troll apparaît dans un flux de commentaires ou de messages où ils sont actifs. Sur Internet, le mot troll ne désigne pas le géant de la mythologie nordique, mais un internaute qui dénature de façon délibérée le déroulement des échanges dans un flux de commentaires ou de messages. Le troll provoque, détourne la liberté de l'expression au sein d'une communauté connectée en feignant le même engagement que les autres avec des interventions provocatrices, absurdes ou de pure dérision. Si les internautes réagissent aussi vivement envers lui c'est qu'il agit dans un domaine où l'émotion est présente. Le troll n'est pas un bouffon que l'on pourrait ignorer mais une personne qui dégrade l'espace où les internautes vivent leurs émotions. Dans le jargon franglais des internautes, l'exact inverse « d'être liké » c'est bien de « se faire troller » : cela revient à passer de la valorisation de l'ego à la négation de l'ego.

L'engagement de l'internaute n'est pas un simple ping-pong de signaux électroniques. En disant qu'il aime un contenu, voire en l'expliquant dans un message, il implique une part de lui-même, il s'expose et son choix risque d'être déjugé par les autres. Il met son émotion sur le marché. À chaque fois, de fait, il agit à la façon d'un directeur de marketing qui n'oublie jamais ses clients (ses amis, ses suiveurs), qui sait qu'il doit construire sans cesse sa marque (lui-même, affiché dans ses pages et ses messages) et qui ne peut ignorer le résultat des études de marché (le nombre des commentaires, des reprises, des retweets).

L'engagement est un marketing permanent de l'émotion. On y compte beaucoup de lancements pour quelques buzzs réussis, mais le marché n'est jamais fermé car l'empathie autour d'un contenu peut toujours se produire. Voilà pourquoi le recours à Jose Luis Borges pour saisir la rencontre de la nature humaine et d'Internet est fondé mais reste trop court à l'époque des réseaux sociaux. Borges a prophétisé avec ironie la surpuissante, l'inatteignable bibliothèque de contenus que serait Internet. Mais l'écrivain qui a anticipé l'engagement de façon plus grave est Primo Levi. Ce romancier italien, rescapé des camps de concentration, était chimiste de formation, ingénieur de profession. Il a publié en 1971 un conte, *Dans l'intérêt du public*, qui occupe une place très mineure de son œuvre mais que l'on doit tenir comme la seule anticipation de la problématique des échanges entre internautes : l'histoire futuriste, invraisemblable, de Maseoro, un ingénieur responsable d'un réseau téléphonique.

Ce Réseau, qui n'est pas désigné autrement, majuscule en début de mot comprise, est saisi peu à peu d'une ambition autonome. Il agit par lui-même. Loin de se contenter de mettre en contact les abonnés qui souhaitent communiquer entre eux, il les appelle pour leur diffuser de la musique, il leur parle en cas de besoin et il crée de toutes pièces des conversations entre des inconnus qui gagneraient selon lui à se rencontrer. Leurs téléphones sonnent simultanément sans qu'ils aient composé de numéro. Le problème, explique l'auteur, est que le réseau a peu d'intelligence et que la matière qu'il veut traiter est énorme, mais au cours du récit une hypothèse est posée : ce réseau pourrait être le lieu où se régleraient les relations humaines, les ventes, les accords commerciaux, etc. Le Réseau pourrait être le lieu universel des échanges de tous types. Quand Primo Levi en vient à écrire, pour le déplorer, que « le Réseau ne possédait pas le stock d'informations propres à mettre en communication entre eux des individus inconnus susceptibles de devenir des amis », on devine que l'on tient avec son texte l'une des grandes prémonitions de la littérature moderne, l'anticipation des réseaux sociaux que la technologie et l'invention humaine mettront moins de quarante ans à produire.

Dans le conte, le Réseau est « indubitablement » bon et la conviction est exprimée qu'il est possible de contrôler ses capacités. Dans le monde numérique, notre réseau dispose du stock d'informations rêvé par l'écrivain mais sa dynamique repose sur le taux d'engagement des internautes pour que les échanges s'y produisent et que les contenus y circulent. Savoir si le poids relatif de la technologie est plus faible sur Internet que dans l'imagination de Primo Levi ou si, autre possibilité, la technologie d'Internet s'approprie le travail des internautes est un débat qui n'a plus d'objet. L'engagement est désormais une activité puissante, permanente, où la vie bat au quotidien. Chacun y trouve, face à un écran, les sensations, le rapport au temps, les émotions qui forment l'écume de nos jours devenus numériques.

4

LA CARTE ET LE TERRITOIRE

L'espace numérique

Il est trop tôt pour déplorer ce qui manque à Internet. Le réseau continue de grandir et la technologie qui le sert n'a pas fini d'évoluer. Mais Marshall McLuhan, le prophète des médias mort sans l'avoir connu, reste le héraut qui lui fera toujours défaut. Ce professeur qui lançait dans ses cours « je n'explique pas, j'explore » avait l'art des formules durables. « Le média c'est le message » reste la leçon la plus ramassée sur la révolution née du texte imprimé. Son expression « village global » est toujours utilisée pour décrire une humanité transformée en audience unique autour d'un événement. On gagnerait à répéter son lumineux propos augurant d'Internet : « des centres partout, des marges nulle part ».

Un espace où l'internaute est toujours au centre et jamais dans la marge, c'est le réseau. Un monde numérique unique puisqu'un seul moteur de recherche suffit à en donner l'accès sans restriction. Un monde numérique global puisqu'il est possible pour tous de se connecter. Un monde numérique universel puisque la connexion est partout possible.

Ces traits constituent d'ailleurs l'essence d'Internet et nourrissent la fascination que génère la simplicité de son utilisation : le territoire est aussi vaste que le monde et pourtant il se parcourt sans carte.

Ses inventeurs, deux ingénieurs américains, Robert Kahn et Vint Cerf, voulaient créer le « réseau des réseaux », c'est-à-dire un réseau à l'accès si fluide qu'aucun réseau n'aurait à réaliser de modifications pour s'y connecter. Cette ambition exigeait de définir un mode de relation unique entre toutes les machines et tous les réseaux qui doivent communiquer. Cela se nomme du même mot que ce qui régit des relations formalisées entre des humains : il s'agit d'un protocole. En informatique, un protocole est « un langage qui régule les flux, dirige les réseaux, code les relations et connecte les formes actives » selon la définition d'Alexander Galloway, professeur au département des médias de l'université de New York.

Le protocole d'Internet a été créé et ajusté en peu de temps, au milieu des années soixante-dix, sur la côte Ouest des États-Unis. Dès 1976, il fonctionnait sans accroc sur le réseau Arpanet, l'ancêtre d'Internet. Créé avec des crédits de la recherche militaire, c'est un pur produit de la guerre froide. Il permet à des machines de communiquer après une attaque nucléaire, « chaque support étant le pair, en toute égalité, de tout autre support sur la globalité d'Internet » ainsi que l'affirme l'un des manuels sur le protocole du réseau. Comme il n'existe pas de dispositif central pour gérer le réseau et que les machines communiquent en direct grâce à ce protocole, il suffit que deux machines ne soient pas détruites dans un conflit pour avoir un réseau. Internet est bien, depuis ces débuts lointains, une entité insaisissable, à la fois carte et territoire d'un espace numérique où tout circule et tout se branche.

Internet s'est étendu sur toute la planète grâce à son utilisation par le réseau de communication avec lequel il est souvent confondu : le World Wide Web. Imaginé à Genève par un physicien, Tim Berners-Lee, en 1990, le Web utilise le protocole de communication d'Internet et y ajoute un langage, l'HyperText Markup Language (HTML), dont le succès, vérifié par la création rapide de millions de sites, pose plus que jamais la question du territoire où se trouve Internet, ce lieu où tout le monde vit sa vie numérique.

Au temps des pionniers inventeurs du protocole, la réponse allait de soi : l'information ne pouvait se produire, se stocker et se consommer que dans les universités et les centres informatiques hébergeant d'énormes ordinateurs, un équipement qu'aucun individu ne songeait alors à posséder seul. L'information était là et nulle part ailleurs. L'ordinateur personnel a tout changé. Selon la parabole de l'essayiste Nicholas Carr, c'est une invention comparable à celle du courant électrique alternatif pour l'industrie. Jusqu'à la fin du XIXe siècle, explique ce penseur doué d'un talent pour la polémique, les activités de production étaient localisées dans les lieux où l'on disposait d'une énergie. « Les machines à vapeur et les moulins à eau étaient des technologies qui ne se soumettaient pas facilement à la centralisation. Il fallait qu'elles soient situées très près de l'endroit où leur énergie allait être utilisée… Dans les premiers jours de l'électrification, les usines devaient construire leurs propres générateurs si elles voulaient pouvoir utiliser l'énergie électrique. »

Avec le courant alternatif, et la construction de centrales électriques capables de produire de l'énergie et de la distribuer, les industries n'ont plus eu à se préoccuper de produire leur énergie, elles ont pu disperser leur production en plusieurs lieux. La production de l'information a de même été radicalement décentralisée par l'invention de l'ordinateur personnel. Bill Gates, avec le système d'exploitation de Microsoft, et Steve Jobs, avec les ordinateurs d'Apple, ont permis à chaque individu de produire sa propre information là où il le voulait. Les connections mobiles – wi-fi, 3G et 4G – aidant, la décentralisation de la production d'information est poussée à l'extrême : Internet est partout accessible, au besoin en utilisant une liaison radio avec un satellite. Un internaute équipé d'un téléphone portable est désormais le plus petit commun dénominateur sur un réseau dont il peut croire que tous ceux qui s'y connectent sont ses égaux : ils sont, comme lui, des producteurs d'information.

Cette analogie entre l'énergie et l'information ne serait pas complète sans les centrales électriques. Elles ont leur équivalent sur Internet. De la même façon que les industriels ont peu à peu compris qu'il est peu rentable de produire soi-même son énergie et qu'il est plus économique d'utiliser le réseau électrique pour la faire venir depuis une centrale qui la génère à bas coût, l'internaute, sans toujours le percevoir, s'appuie sur des entités externes pour produire mieux et plus vite de l'information. Il utilise les plates-formes de Google, Facebook, Apple, Microsoft, Twitter, etc. où sont stockés des informations et des outils pour maximiser sa production de messages, de courriers, d'images, de musique, de vidéos, etc.

Des outils comme ceux proposés par Google pour le courrier électronique, les cartes, les traitements de documents et, bien sûr, la recherche, qui sont utilisés, au début des années 2010, par plus d'un milliard d'internautes à travers le monde, se trouvent en fait dans trente-six centres de données dispersés sur le globe. Qu'un centre de Google soit au bord du golfe de Finlande ou posé sur une plaine du Middle West, son apparence est invariable. Il ressemble à une centrale nucléaire, avec des bâtiments sans fenêtres, des tours de refroidissement et des réservoirs d'eau. Chaque centre est divisé en quarante-cinq unités. Chaque unité héberge un millier de serveurs. Les centres sont souvent présentés comme des « fermes de serveurs », conçues pour la production de l'information en batterie. Des fermes immenses : plus d'un million et demi de serveurs dont les internautes ne savent plus se passer. La vision de McLuhan reste valide : chacun peut témoigner, pour ce qu'il en voit sur son écran, qu'il se trouve au centre du réseau, mais sur Internet, les fermes de serveurs occupent un centre plus central que les autres.

Les merveilleux nuages

Connecter un ordinateur personnel aux fermes de serveurs n'est pas un changement d'échelle dans l'activité numérique. Pour un internaute, il s'agit d'un changement de nature. Au lieu de considérer son ordinateur comme un abri où il garde, dans le disque dur, les images, les textes, les documents, les programmes qu'il utilise, il en use comme d'une fenêtre ouverte sur l'espace numérique. La différence entre les deux situations a peu à voir avec la taille des mémoires utilisées ou la puissance de calcul disponible. Bien sûr, tout ce qui est disponible via une ferme de serveurs est plus vaste, plus puissant, plus rapide que ce que peut héberger un ordinateur. Mais il s'agit pour un internaute de passer du singulier au pluriel, de l'isolement à l'appui collectif, de la rareté à l'abondance. Il s'agit de découvrir que tout, absolument tout, les outils informatiques, les données, les archives et même les autres internautes, est disposé en temps réel autour de sa connexion devenue le centre d'un monde qu'il a choisi et dont il se sent le seul maître.

Dès lors, l'internaute ne vit plus un face-à-face avec sa machine, il est posé, selon le terme consacré, sous un « cloud », un nuage. À volonté, le nuage fait pleuvoir les outils, les services, les données, les applications et les accès à des réseaux. Peu importe le support utilisé pour se connecter, ce support n'est qu'un vecteur de la connexion vers le nuage dont l'internaute ignore même les fermes de serveurs qui le font fonctionner. L'encyclopédie participative Wikipedia – qui est un de ces nuages – les décrit comme une « déportation vers des serveurs distants » d'opérations que l'on fait pour soi, dans sa machine. Les internautes déportent beaucoup. Ils passent en fait une bonne part de leur vie numérique à aller de nuage en nuage pour gérer courrier (Gmail, Hotmail), vidéos (YouTube), photos (Flickr), statut professionnel (linkedin), messages instantanés (Twitter), achats (Amazon), relations sociales (Facebook), archivage (Dropbox), etc.

Le nuage a commencé de couvrir Internet dans la première décennie du XXIe siècle. Le petit propriétaire d'un disque dur, exploitant son outil dans un monde doté de limites, est devenu le nanti du nuage pour qui les données et les expériences ne sauraient s'achever et saturent le présent. Une philosophie de la vie numérique est venue si rapidement que l'on peut dresser deux listes antonymes recouvrant deux manières distinctes de respirer sur Internet que pourtant moins de dix ans séparent. D'un côté, il y a l'approche ancienne d'un internaute allant de site en site ; de l'autre, celle de l'internaute usant d'une connexion à tout-va relayée par la pleine puissance du nuage.

disque dur	*nuage*
identité	*login*
exclusivité	*ubiquité*
activité	*interactivité*
stockage	*partage*
fichier	*lien*

index	*filtre*
importance	*immédiateté*
entité	*fragment*
courriel	*viralité*
finitude	*flux*
données	*méta-données*
visite	*veille*
rangement	*recherche*

La classification des nuages a été amorcée en 1803 par un Anglais, Luke Howard, qui observait le ciel depuis l'est de Londres. Avec trois familles, les cirrus, posés tels des filaments sur l'azur, les stratus, qui ont l'apparence d'une couche, et les cumulus, en forme d'amas cotonneux, il a jeté les bases d'une discipline enrichie en fonction de l'altitude des nuages et de la combinaison de certaines formes pour créer une liste de dix genres encore utilisée aujourd'hui. Dans le cyberespace, les catégories des nuages sont moins stables. Les critères changent sans qu'une classification s'impose dans une évolution galopante. Nul ne parle plus en termes de contenu des nuages pour distinguer le courrier, les documents, les images, les vidéos, les musiques. De même, le classement en nuages fermés et ouverts ou en nuages payants et gratuits s'estompe. En moins d'une décennie, presque tous les nuages ont choisi d'afficher l'ambition des réseaux sociaux en proposant la rencontre, le partage, l'envoi de messages à des communautés d'internautes qui veulent, en temps réel et dans une mobilité sans limite, donc quel que soit le support, accéder à leur espace personnel.

Ces mutations participent de ce qu'Hal Varian, l'économiste en chef de Google, nomme « l'innovation combinatoire ». Le principe en est simple : des interactions entre les nuages et les utilisateurs ou entre les utilisateurs eux-mêmes sont toujours médiatisées par un ordinateur et par le réseau ; cela permet d'utiliser les données qui circulent ou les technologies disponibles afin de proposer de nouvelles offres en combinant ce qui existe déjà. Là où il y a un plan de ville, le nuage propose de voir la localisation de ses amis sur ce plan ; et s'il existe une liste d'amis, le nuage propose de la localiser sur un plan ou encore suggère de trouver de nouveaux amis en fonction d'une analyse de plusieurs listes. Tous les contenus (liens, texte, image, vidéo, son, message, etc.) sont ainsi traités afin que la recherche, la géolocalisation, le stockage, la création, le choix entre des contenus et même le simple fait de lire ou d'écouter, ou encore d'avoir un nouvel ami, soit à la fois enrichi et relayé dans un nuage où d'autres internautes, actifs eux aussi, déclenchent un processus similaire. Bien sûr, plus le nuage possède d'utilisateurs et de technologies plus il est à même de multiplier ces combinaisons.

Dans son principe, le fonctionnement d'Internet n'est pas modifié : un internaute peut toujours juger que sa connexion jouit de la même situation en regard du trafic que toute autre connexion, y compris celle des nuages eux-mêmes. Pourtant, force est de constater que l'ampleur du trafic vers et depuis les nuages pose en termes neufs la question de la carte et du territoire. Chaque connexion semble proposer la carte, établie par l'internaute lui-même, d'un territoire numérique où le nuage occupe la position dominante. Sur ce principe existe ainsi une élite ultra-resserrée de méga-nuages ayant autour d'eux des millions et parfois un milliard d'internautes : Google (recherche et outils en ligne), Wikipedia (savoir), Amazon (commerce), Linkedin (gestion de carrières), Facebook (vie sociale), Microsoft (logiciels et services en ligne), Apple (matériel et magasin en ligne), Twitter (flux instantanés), etc.

Parfois, localement, des concurrents l'emportent sur ces géants présents dans le monde entier. En Chine par exemple, Baidu est un moteur de recherche plus puissant que Google et Qzone devance Facebook. Mais ces spécificités sont des nuances dans un paysage où le principe est partout le même : une poignée d'acteurs numériques accompagne les choix de contenus, conforte les relations sociales et guide les recherches en ligne. Dans le cas des États-Unis, Steve Rubel, un stratège qui rédige un rapport régulier sur l'avenir de l'information, estime que cinq entreprises et pas plus – Google, Microsoft, Facebook, Twitter, Apple – influencent de façon décisive l'accès à l'information des internautes en « contrôlant les principaux canaux de distribution ». Même ceux qui n'utilisent pas de supports numériques sont, dit-il, « influencés indirectement » par ces acteurs.

Les nuages d'Internet ne sont pas les « merveilleux nuages » du poème de Charles Baudelaire célébrant une vie rêveuse et sans attaches. Ils obéissent à des stratégies d'entreprises afin de retenir l'attention des internautes. Ils se soucient de leur taille et, plus encore, de la dynamique qui les lie aux internautes. C'est même sur ce dernier point que se définissent les catégories de nuages du numérique. On n'en compte que deux : il y a des nuages qui attendent que l'internaute vienne vers l'information dont ils sont porteurs : ceux-là (Amazon, Microsoft, Google) sont le reflet d'Internet à sa naissance lorsque c'était encore un média porteur de contenus ou de services que l'audience venait chercher. D'autres nuages (au premier chef, Facebook, Twitter, Google+) sont porteurs d'une information qui va à la rencontre des internautes sur leurs pages personnelles : ceux-ci sont la réalité grandissante du réseau depuis sa mutation en espace social. Mais à leur façon, tous veillent à ce que la météo d'Internet ne change plus : nuageux.

La cyberguerre

Les militaires n'aiment pas le mot Internet. Ils lui préfèrent le terme « cyberespace », pour exprimer que le réseau est un territoire, une cible potentielle d'actions hostiles qu'il convient de protéger comme tout autre territoire. Au nom de la défense et de la sécurité, une bataille est donc livrée dans ce cyberespace par des États confrontés à une tâche paradoxale : veiller sur un réseau présent en tous points de leur territoire national et qui pourtant échappe à leur souveraineté.

« La géographie, ça sert, d'abord, à faire la guerre », proclame la formule fameuse du géographe Yves Lacoste. Mais quelle guerre mener dans la géographie d'un réseau conçu pour ne pas avoir de frontières ? Internet est à la fois le vecteur d'une agression dont il faut se défier et le réduit qu'il faut protéger à tout prix. Dans ce contexte contradictoire, les États s'en remettent d'abord à l'inertie : ils font dans le cyberespace ce qu'ils ont toujours fait dans le monde physique. Les États-Unis ont ainsi pris le soin de déclarer en juin 2009 qu'Internet est leur « cinquième domaine » d'opération militaire (les quatre autres sont la terre, l'eau, l'air et l'espace) avant de créer le « United States Cyber Command », un commandement militaire ayant pour mission de combattre sur le réseau comme d'autres commandements opérationnels sont en charge de chaque partie du globe. Le général Keith Alexander, premier officier à prendre la direction du Cyber Command, a évoqué dès sa nomination les sept millions d'ordinateurs du Pentagone, ses quinze mille réseaux et ses quatre mille installations militaires afin de se fixer une mission « défensive », tout en ajoutant que son pays devait aussi avoir la « supériorité » dans le cyberespace sans que cela se confonde avec une « suprématie » ou une « domination ». De façon classique, les États-Unis veulent donc le « leadership » d'un réseau qui doit rester un monde libre.

Le modèle chinois est tout aussi invariable :

la muraille. Dans la version Internet, la muraille de Chine s'appelle le « great firewall » (le grand mur de feu), une barrière numérique destinée à interdire l'entrée du pays aux contenus indésirables. L'architecte du dispositif, le scientifique Fang Binxing, a mis sur pied un double système de filtres : bloquer les demandes de pages faites depuis la Chine quand elles s'adressent à des sites interdits par le régime, et filtrer dans l'autre sens, à l'aide de mots-clés, tous les contenus qui entrent en Chine. La contrainte imposée par cette ambition continentale est le regroupement physique du réseau : selon le blogueur et militant Michael Anti (alias Jing Zhao), tous les serveurs chinois connectés au reste du réseau mondial se trouvent à Pékin. L'empire du milieu bride toute centrifugation de sa vie numérique.

Sans surprise, la Russie poursuit les pratiques de la salle 4 de la Douma, à Saint-Pétersbourg, où se trouvaient les premiers services d'écoutes téléphoniques au temps du tsar. Sur Internet, le dispositif se nomme Sorm-2 (un acronyme russe pour Système opérationnel d'activités d'investigation). Basé sur des réglementations techniques arrêtées dans la dernière décennie du XXe siècle, il impose aux fournisseurs d'accès à Internet et aux réseaux téléphoniques de mettre en place, à l'attention de l'Agence fédérale de sécurité, un système d'accès à leurs réseaux et aux contenus qui y circulent. Lors de sa première semaine au pouvoir, en janvier 2000, Vladimir Poutine a élargi cet accès à plusieurs agences fédérales en maintenant sa dimension pratique : un officier d'une agence fédérale doit pouvoir se connecter sans quitter son bureau quand il espionne ses concitoyens internautes. Avant même de songer à la guerre, la Russie prévient l'apparition d'un ennemi numérique au sein du peuple.

Ce recyclage de modèles historiques en guise de politique numérique est l'expression d'un vrai désarroi : comment combattre un ennemi s'il n'occupe pas un territoire spécifique ? Le concept du conflit numérique a été formulé dès 1993, par John Arquilla et David Ronfeldt, deux spécialistes des relations internationales, dans un article resté fameux – « La cyberguerre arrive » – qui rapprochait les combattants du numérique des guerriers mongols « plus organisés, selon eux, en réseau qu'en une hiérarchie ». L'Histoire a tardé mais elle a fini par leur donner raison avec la première cyberguerre livrée contre un État, au printemps 2007. Elle visait l'Estonie où, durant trois semaines, il fut impossible d'accéder aux sites de la présidence, du parlement, des ministères et d'une bonne partie des banques, de la presse et des entreprises de communication. Une polémique déclenchée par le déménagement d'une statue et de tombes liés à la période où l'Union soviétique exerçait la souveraineté sur cette nation balte paraissait alors être un motif plausible d'agression. Le gouvernement estonien a donc accusé la Russie de ces attaques. Il reste pourtant impossible de certifier la nationalité des envahisseurs de l'Estonie et leur qualité : était-ce une institution russe agissant sur ordre ou des nationalistes russes frappant de leur propre initiative ? Les leçons de cet épisode sont en revanche définitives : une cyberguerre est un conflit asymétrique et même hermétique ; l'identité et les motivations de l'agresseur demeurent incertaines dans une belligérance entre des camps dissemblables.

Depuis cet épisode, l'Estonie héberge le « Cooperative Cyber Defence Centre of Excellence », l'organisme chargé d'améliorer la défense des pays de l'Alliance atlantique contre l'ennemi numérique. Ses travaux montrent que les Etats se soucient moins de préparer des opérations militaires que de préserver la sécurité de leurs réseaux de communication et, plus important encore, de leur réseau de distribution d'électricité. « La cyber-sécurité et la sécurité nationale sont sans cesse plus emmêlées », constate Rex Hughes, un professeur de l'université de Cambridge participant à la formulation de la politique de défense numérique de la Grande-Bretagne. Quant aux internautes, réseau ouvert oblige, ils courent un double risque : être victimes collatérales d'un conflit et voir leurs machines secrètement recrutées pour une offensive.

La cyberarme classique est le « botnet » : un grand nombre d'ordinateurs privés dont on a pris le contrôle secrètement en y plaçant un virus lors de leur connexion au réseau. Ils sont utilisés pour déclencher de façon synchrone une action massive (demande de pages, envois simultanés, etc.) qui provoque l'effondrement d'un site sous la charge de travail. L'autre cyberarme, plus létale, est le virus que l'on place dans un système ou un site afin de détruire ses programmes. Le plus fameux est Stuxnet créé, semble-t-il, par Israël et les États-Unis afin d'attaquer la production d'uranium enrichi dans la centrale iranienne de Bouchehr. Fait sur mesure pour détruire un système de gestion de centrifugeuses construit par Siemens, il a donné de bons résultats, en 2010, mais il a aussi affecté quarante-cinq mille ordinateurs ainsi que des systèmes du même fabricant en Iran, aux États-Unis, en Allemagne, en Indonésie et en France. Des usines et la gestion de centrales hydroélectriques ont même été touchées jusqu'à des milliers de kilomètres de la cible initiale. Sur un réseau qui n'a que des centres et pas de marges, nul n'est certain de rester à l'écart d'un conflit, fût-il l'agresseur. Comme le note Seymour Hersh, journaliste vétéran des enquêtes sur les systèmes de défense : « Le côté extrêmement ouvert d'Internet agit comme une dissuasion. »

Les dommages d'une cyberguerre sont si difficiles à prévoir qu'il est urgent avant de la déclencher de mesurer les risques encourus. Deux décennies après sa prophétie, John Arquilla a d'ailleurs écrit un nouvel article, « La cyberguerre est déjà là », pour définir les pertes irréparables en cas de conflit. Internet se relèvera toujours, cela va de soi pour un réseau conçu pour une guerre nucléaire. Le véritable enjeu est plutôt la capture ou la destruction de données. Faute de pouvoir fermer une partie d'un réseau qui est un ensemble monolithique, John Arquilla conseille de recourir à la dissimulation avec « l'utilisation omniprésente d'un cryptage, pour protéger les données avec les codes indéchiffrables d'un nuage dans l'immensité du cyberespace ».

Big data

L'existence des données en tant qu'élément constitutif de l'univers du réseau – au même titre que les internautes, les machines, et le nuage – est longtemps passée inaperçue. La presse ne cesse d'affirmer que la devise de l'entreprise Google est le souvent cité « *don't be evil* » (ne soyez pas malveillant) en ignorant, parce qu'il est moins sexy, le seul dicton répété par ses ingénieurs : « *more data is better data* » (plus de données, c'est de meilleures données). La phrase exprime la masse quantitative de données que suppose la qualité : posséder un plus grand nombre de données permet une analyse de meilleure qualité du comportement des internautes notamment pour un moteur de recherche qui traque les comportements en ligne et la hiérarchie des pages les plus populaires. Il a fallu attendre la première décennie du XXIe siècle, l'explosion des réseaux sociaux, l'émergence de la connexion permanente et l'accumulation des traitements informatisés pour que s'impose le concept de « Big data », littéralement « grosses données », en tant que composante du champ numérique.

Au début des années 2010, la firme IBM affirmait qu'on stocke chaque jour dans le monde 2,5 quintillions de bytes de données nouvelles. Un chiffre si énorme qu'il ne dit rien, même si l'on sait qu'un quintillion est 10^{30}. Il est plus révélateur de noter que l'on peut, au début de la deuxième décennie du XXIe siècle, affirmer à chaque instant : « 90 % des données existant dans le monde aujourd'hui ont été produites au cours des deux dernières années. » Les sources des données sont infinies : messages, clics sur des sites, paiements numérisés, relevés d'activité sur un téléphone mobile, données d'utilisation des transports, observations météo, transactions commerciales, scans de caisses enregistreuses, dossiers médicaux, liste de recherches en ligne, statistiques et données économiques, contenus postés sur des réseaux sociaux, etc. Point commun de ce capharnaüm : ces données sont rangées dans un dispositif numérique connecté à Internet. Elles peuvent donc être traitées et croisées entre elles.

« Le Big data, ce sont les petites miettes que vous laissez derrière vous tandis que vous vous déplacez dans le monde, explique Alex Pentland, directeur du laboratoire des dynamique humaines au MIT. Ces miettes racontent l'histoire de votre vie. Elles disent ce que vous avez choisi de faire. C'est différent de ce que vous postez sur Facebook où vous mettez ce que vous avez choisi de raconter, et que vous éditez en fonction de la mode du moment. La personne que vous êtes est révélée par votre emploi du temps, vos achats. Le Big data traite de votre vrai comportement ; en l'analysant, les scientifiques en savent beaucoup sur vous. »

Ce traitement de données rend possible la révélation de relations insoupçonnées, de schémas explicatifs, d'usages émergents. Une façon neuve de regarder le monde, numérique ou non, en découle. L'exemple classique, vérifié dans plusieurs pays, est l'existence d'une technique de détection de l'avancée du virus de la grippe en fonction des requêtes formulées sur le moteur de recherche Google. Une hausse des termes faisant référence aux symptômes et au traitement de la maladie dans les questions des internautes révèle les avancées d'un virus avant même que les rapports des médecins ou les relevés de vente de médication ne permettent de l'établir. Les exemples abondent de vérités extraites d'un traitement de données : l'alerte anticipée sur les accidents de la route tirée de la lecture de messages des conducteurs, la tendance du marché boursier dévoilée non par les ordres des courtiers mais par la tonalité des tweets circulant dans les quartiers où ils travaillent, les dynamiques d'électorats perceptibles dans la fréquence d'utilisation du nom des candidats d'une élection.

Un livre devenu un best-seller a illustré la possibilité de réaliser ce type d'approche : *Moneyball* (*Le Stratège*), une enquête publiée par Michael Lewis, en 2003, aux États-Unis. L'ouvrage relate la gestion de l'équipe de base-ball des Oaklands Athletics. Cette formation disposant de peu de ressources financières a pu gagner vingt parties consécutives – une série record – en 2002 avec des joueurs peu cotés sur le marché des professionnels. L'explication, reprise dans le film éponyme, tient à l'exploitation neuve, intensive et imaginative, de statistiques afin de déterminer la « vraie » valeur d'un joueur dans le déroulement d'une partie. Pour les pionniers du numérique de la Silicon Valley toute proche, il y a eu là une révélation : des avancées étaient possibles pour peu que l'on ouvre des mines dans les gisements de données disponibles grâce à Internet.

Trois facteurs économiques ont renforcé cette tendance, selon David Weinberger, un chercheur du centre Internet et société de l'université Harvard :

– L'effacement des données a été remis en cause car le coût de leur stockage massif sous forme numérique est devenu inférieur aux frais à engager pour décider celles que l'on veut garder – les données sont éternelles ;

– Le partage a été facilité par la mise en place de bases de données accessibles en ligne et de plates-formes semblables à celles qui font le bonheur des pirates de films ou de musiques – les données sont toujours accessibles ;

– Enfin, la puissance croissante des ordinateurs a effondré le temps de traitement des données, ce qui a autorisé des travaux d'une ampleur immense comme l'étude des génomes et des nucléotides (soit des milliards de données génétiques) ou la confection de la carte de l'univers (des centaines de milliers de galaxies contenant des milliards d'étoiles) – les données ne sont jamais trop nombreuses.

En une décennie, peu à peu, les grandes entreprises ont réalisé qu'il leur appartient d'affronter le tsunami des données numériques. Celles qui sont nées sur Internet comme le marché en ligne ebay ou la plate-forme commerciale Amazon ou encore les réseaux sociaux Facebook et Twitter ont, bien sûr, entrepris ce travail dès leur création. Aujourd'hui le « Big data » est l'usine à données cachée dans leur nuage. Mais pour les firmes qui préexistaient à la naissance du réseau, le mouvement a été plus tardif, souvent difficile faute de compétences, et malgré tout inévitable. En 2012, au sommet économique de Davos, où se rencontrent leaders économiques et politiques de la planète, le choix du thème « Big data, big impact » (grosses données, gros impact) a été reçu comme la reconnaissance irréversible de cette activité qui change l'approche des décisions des organisations privées et publiques au point d'en révolutionner le management.

Pour s'installer sur Internet, les entreprises et les institutions ont appris à recruter de nouveaux professionnels dès le siècle dernier : ergonomes, graphistes, spécialistes du marketing numérique, statisticiens. Tous restent en place mais ils voient arriver, pour faire face au « Big data », une nouvelle recrue : le « data scientist », un spécialiste du traitement des données qui va exercer « le métier le plus sexy du XXIe siècle », selon la revue *Harvard Business Review*, la bible des conseillers en stratégie et gestion d'entreprise. La tâche de ce professionnel : trouver le trésor caché dans un fatras de données sans structures apparentes. Il s'agit à la fois de « profiler » l'internaute et de comprendre les dynamiques collectives pour pousser plus loin le design des produits, la conception des services, l'expression de messages, la définition de tarifs ou de traitements qu'il s'agisse d'affaires publiques, de commerce, de journalisme, d'aménagement urbain, de santé, d'éducation, etc.

Sur ce territoire, les statistiques classiques du réseau – connexion, chargement, interaction – ne sont plus des enjeux. Les spécialistes du « Big data » veulent aller plus loin, trouver des relations de causalité, des corrélations fines entre les données circulant sur le réseau et l'ensemble du monde physique. Et là, impossible de se tromper : c'est le réseau qui façonne désormais le monde et non l'inverse. Internet n'est pas la carte d'un réseau qui s'efforce de desservir au mieux un territoire nommé le monde réel. C'est, au contraire, le traitement des données numériques, captées à travers le réseau, qui détermine la mise en forme du monde réel. Même sans connexion, nul ne vit plus à l'écart du monde d'Internet.

5

LES MOTS ET LES CHOSES

L'information

Pour comprendre ce que possède de neuf la condition numérique, il faut ouvrir les *Confessions* de saint Augustin et parcourir le portrait de saint Ambroise, évêque de Milan au quatrième siècle. Pas pour le talent oratoire de ce prélat, responsable de la conversion d'Augustin, mais pour l'exact contraire, pour son silence dans ce passage significatif : « Quand il lisait, relate saint Augustin, ses yeux étaient conduits à travers les pages, et son esprit en perçait le sens, mais la voix et la langue, en revanche, étaient en repos. Souvent en franchissant le seuil de sa porte, dont l'accès n'était jamais défendu, où l'on entrait sans être annoncé, nous le trouvions lisant silencieusement et jamais autrement, et nous restions assis plongés en un silence continu – qui, d'ailleurs, aurait osé être une gêne pour quelqu'un d'aussi absorbé ? »

L'innovation dans cette scène, que l'on peut dater de l'année 384 et qui étonna tellement saint Augustin, c'est le fait qu'une personne lise en silence. L'écrit devient un langage spécifique. Il n'est plus la transcription de l'expression orale, ce qu'il fut à l'origine et qui justifiait qu'on lise à voix haute. L'idée même du texte s'en trouve changée. Une expérience neuve apparaît : au-delà du texte et de son auteur qui rédige pour être lu et non pas récité, existe un autre univers, celui du lecteur percevant et méditant, tel saint Ambroise, le message qu'il lit et enrichit de ses pensées et ses références. Internet apporte un élargissement analogue. Derrière le texte numérique existe un autre univers, celui du code (et des liens qu'il contient) menant vers des actions programmées qui peuvent tout changer : la capacité de création de l'auteur, l'activité du lecteur et le contenu potentiel d'un texte.

Trois langages cohabitent dans une société numérisée : la parole, le texte et le code. Ils interagissent entre eux mais le code, qui est écrit pour les machines numériques, occupe une place particulière dans ce trio. Le code est le seul langage qui produise des effets par lui-même. On peut parler et écrire sans que rien ne se produise de façon directe. Le code, lui, est un langage qui agit dès lors qu'il est activé par un internaute ou par un programme. Le clic sur un lien, l'enfoncement d'une touche « enter », la mise en œuvre d'un logiciel sont autant de façons de donner la main au code qui va faire un calcul, afficher une page sur un écran, envoyer un message sur un réseau, etc. Les langages parlé et écrit, dont les linguistes et sémiologues n'ont jamais fini de préciser le fonctionnement, coexistent avec des langages informatiques dont la signification est une action invariable.

Les rivalités ont toujours existé à la frontière de la langue parlée et de la langue écrite. Socrate rapporte l'indignation de Platon lorsque le langage écrit est venu s'ajouter à la langue orale. Dans *Phèdre* et dans la *Septième Lettre*, Platon recense les défauts de l'écriture : elle est inhumaine car elle installe hors de l'esprit ce qui ne peut exister que dans l'esprit humain ; elle décourage les efforts de mémoire ; elle est muette, au contraire de l'orateur que l'on interpelle dans son discours ; plus grave enfin, l'écriture interdit le dialogue, seule façon, selon lui, de fonder l'échange entre des humains.

Lorsque les ordinateurs sont apparus, ces arguments ont été repris afin de dénoncer l'émergence d'une pensée informatisée et artificielle. Le parallèle était logique puisque, selon la formule du sémiologue Walter Ong, « à l'inverse de la langue parlée, naturelle, l'écriture est quelque chose de complètement artificiel. On ne peut pas écrire *de façon naturelle* ». Platon voyait juste en décelant dans l'écriture une technique artificielle, mais il ne pouvait deviner, ajoute Ong, combien « l'écriture renforce la conscience ». Elle offre une pensée autonome n'ayant pour contexte que l'écrit lui-même. À la parole, forcément proche, l'écrit ajoute la possibilité de la distance, du recul.

Dans le passage de la parole à l'écrit, puis de l'écrit au code, chaque langage a utilisé celui qui le précédait et l'a installé dans sa propre dynamique d'expression. Ce qui distingue le code et le place à part, c'est qu'il est, pour le moment, le seul langage commun aux humains et aux machines numériques.

C'est la vraie langue universelle dans le monde de la connexion. Celle qui ne laisse aucun espace entre le signifié et le signifiant. Celle qui ignore le « signifiant flottant », cette zone imprécise et prometteuse que l'ethnologue Claude Lévi-Strauss juge inévitable dans la « pensée finie » d'un être humain. Le code ne flotte pas, il laisse la parole se charger du discours et l'écrit de la conscience ; il n'a pour but quc l'action.

Les plates-formes d'hébergement de contenus ont banalisé l'usage du code. À côté des vidéos, une plate-forme comme YouTube affiche un code pour que les utilisateurs le recopient sur un autre site ou sur le blog où ils veulent que ce contenu soit vu. Chaque jour, des millions d'humains qui ignorent tout des langages informatiques, recopient donc des termes comme *<iframewidth= "560"height= "315" src=frameborder = "0 » allowfullscreen> </iframe> etc.* et constatent que ce morceau de code produit le visionnage d'une vidéo.

La présence du code dans la vie numérique croît désormais de façon très visible avec l'offre de dizaines de milliers d'applications sur les téléphones et les tablettes. Il existait plus de cent mille applications à la fin de la première décennie du XXIe siècle – et aucune n'avait plus de cinq ans. Presque toujours utilisées sur un écran tactile, elles représentent une avancée d'autant plus marquée du code qu'elles éliminent l'utilisation du langage écrit. Là où se trouvaient les interfaces classiques (le clavier, la souris) et l'emploi de l'écriture, un simple effleurement sur une icône ou un logo suffit pour activer le code. Il n'y a pas de programme à lancer, de passage par le bureau sur l'écran d'un ordinateur ou de sauvegarde à la fin du processus. Un achat, une réservation, une recherche d'information, un acte ludique se font en pointant sur une carte, un chiffre, un symbole, un pictogramme. L'activation de l'application impose aux internautes un protocole de communication dans des termes qui ignorent l'oral et l'écrit, modes d'échange habituels des humains, jusqu'à présent.

Se soumettre à un tel protocole, comme des milliards de personnes le font chaque jour, c'est s'exprimer dans une nouvelle langue où signifié et signifiant se fondent dans l'obtention d'un résultat, sans aucune place pour le symbolique et l'imaginaire des langues orale et écrite. Dans les métiers d'Internet, on parle d'ailleurs de « rentrer dans le code » comme s'il s'agissait de franchir un seuil et c'est bien le cas puisqu'il s'agit d'entrer dans un monde sans ambiguïté où le discours n'a que les deux formes, d'une typologie implacable : erreur ou non-erreur selon qu'il y a échec ou réussite de l'action attendue.

Curieusement, cette communication entre l'homme et la machine va à l'inverse de ce qu'imaginait couramment la science-fiction. Dans le film *2001 L'odyssée de l'espace*, de Stanley Kubrick, c'est HAL, l'ordinateur, qui apprend le langage des humains, se rapproche de leur communication et finit par se défier de leur faiblesse. Mais la tendance s'inverse dans le monde réel : la vie numérique adopte sans modération l'efficacité froide de l'ordinateur mis en marche par le code. Plus qu'un ordinateur en voie d'humanisation, les internautes semblent désirer les encouragements que Spock reçoit de Captain Kirk dans *Star Trek* :

Captain Kirk : *You'd make a splendid computer.* (Vous pourriez faire un magnifique ordinateur.)

Spock : *That is very kind of you, Captain !* (Vous êtes trop gentil, capitaine !)

[Le côté fictif de ce dialogue ce n'est pas le fond, plausible dans l'univers de *Star Trek*, mais la langue employée. Si Captain Kirk croit que son premier officier vaut un ordinateur, il devrait utiliser le code et non pas un langage humain pour lui faire ce compliment.]

Le code

Entre nous, les humains, et eux, les machines numériques, tout se passe de façon civilisée. Chacun tient son rang. La relation est fluide entre des humains qui vaquent à leurs tâches et des machines dont l'activité est dictée par des programmes. On peut parler de bonne intelligence. Pour Katherine Hayles, auteur de *Ma mère était un ordinateur*, qui explore la relation entre la littérature et la technologie à l'université de Californie de Los Angeles, « ce qui se passe est le développement d'environnement cognitifs où des humains et des ordinateurs interagissent de centaines de façons chaque jour, le plus souvent de façon discrète ». Le code est le discours que les premiers tiennent aux seconds en s'exprimant dans des langages informatiques, les seuls qu'ils comprennent.

Très tôt, il est apparu que, plus qu'un outil, le code serait dans toutes ses dimensions – sa création, son usage, son administration, sa propriété – un élément déterminant de la vie numérique. Une formule prononcée en juillet 1992 par Dave Clark, un des concepteurs d'Internet, lors d'une réunion sur la définition des normes du réseau, reste souvent reproduite parmi ceux qui rédigent du code :

« Nous rejetons les rois, les présidents et le vote. »
« Nous croyons au consensus et à l'exécution du code. »

Dave Clark se prononçait sur le mode de décision parmi les ingénieurs qui créaient Internet mais il énonçait le credo de ceux qui parlent aux machines : dans cet univers, le code a le dernier mot. Lui seul porte la vérité. Son exécution, c'est-à-dire sa lecture par une machine, provoque ou non le résultat attendu de cette machine. La question de savoir si le code fonctionne n'admet que deux réponses : oui ou non. De même, les données numérisées s'écrivent dans une mémoire avec deux signes seulement : les chiffres 1 et 0. C'est soit 1 : le courant électrique passe ; soit 0 : le courant ne passe pas ; toutes les machines comprennent cela.

Le code, qui demande à la machine de ne faire qu'une action à la fois, procède d'une alternative analogue : celui qui le rédige ne peut, à chaque étape, que choisir entre faire ou ne pas faire cette action. « Le royaume du numérique est biaisé en direction du choix, pointe l'essayiste Douglas Rushkoff, car tout doit y être exprimé dans les termes discontinus, oui-ou-non, d'un langage symbolique. » Il y a là une absence de nuances, un rejet de la moindre ambivalence qui est l'essence même du code. Pour autant, l'alternative que pose chaque étape n'interdit pas de dessiner un itinéraire avec plus ou moins d'élégance et d'efficacité dans l'utilisation des ressources d'une machine. Deux programmeurs peuvent produire le même résultat avec des choix si distincts que leur entourage les considère pour l'un comme un artiste et pour l'autre comme un barbouilleur de code.

L'élégance d'une solution commence avec le choix du langage informatique utilisé. Il existe plusieurs milliers de langages et une bonne centaine sont largement pratiqués. Les critères abondent pour savoir lequel retenir : contrainte de l'environnement technologique, recherche de l'efficacité, volonté de recycler un vieux code plutôt que d'en écrire un neuf, ambition d'inventer et même désir de suivre la mode. Le choix du langage n'est jamais clos car il n'existe pas de langages capables de tout faire même si l'un d'entre eux, le langage C, a été si souvent reproduit et utilisé par les autres langages qu'il est une sorte d'esperanto que tous les programmeurs parlent, parfois sans même s'en rendre compte.

Au plus loin des humains, on trouve les « langages machines » qui ne s'écrivent qu'avec des jeux d'instruction rédigeant les chiffres 1 et 0 que plus personne n'aligne directement à la main. Ces langages sont littéralement illisibles pour les humains à moins d'être le programmeur qui sait tout du processeur de la machine réalisant les opérations. Les « langages assembleurs », qui utilisent les lettres de l'alphabet, les signes typographiques et les chiffres, offrent une traduction plus maniable. Lisibles pour les initiés, ils jouent le rôle d'intermédiaires vers les « langages machines ».

Encore plus loin de la machine s'utilisent les « langages évolués », les « langages structurés », les « langages compilés », etc., selon une terminologie qui différencie difficilement des catégories qui peuvent se chevaucher. Lisibles pour les humains avertis, ils sont traduits en langages assembleurs quand leur code va vers la machine. Ces langages ont des noms familiers car ils sont largement pratiqués par des humains. Ils ne sont pas si éloignés des langages naturels : ils ont une syntaxe, une grammaire. Publiés en une série de lignes à la façon d'un texte classique, ils semblent sémantiquement proches de l'anglais ; on y trouve même des mots : if, do while, switch, goto, integer, string, etc. qui laissent deviner que des opérations sont décrites. Certains servent à faire tourner une machine (Unix, Linux, MsDos), d'autres permettent de programmer des algorithmes (Pascal, C++), d'autres aussi se concentrent sur l'énoncé d'une série de commandes (Javascript, PHP), d'autres encore servent à formuler des requêtes de données (SQL) ou simplement à décrire des contenus (HTML, XML).

C'est à la lumière de ces langages qu'il faut reconsidérer la frontière séparant les humains des machines numériques. Cette frontière existe, oui ; mais la vraie frontière, celle qui érige pour de bon le mur de l'incompréhension, court désormais entre les humains eux-mêmes. Avec d'un côté, ceux qui maîtrisent le code, savent s'adresser aux machines et comprendre leur comportement en retour ; de l'autre, ceux que l'ignorance des langages informatiques coupe de l'un des meilleurs points de vue, le meilleur peut-être, sur la vie numérique telle qu'elle se bâtit en temps réel. Penser des solutions sur un réseau ouvert a changé l'univers des informaticiens. Aux professionnels voués au périmètre exclusif de leur ordinateur, qui étaient la norme avant l'existence du réseau – on les appelait des « nerds » et ils étaient moqués – ont succédé des programmeurs et des développeurs convaincus que la maîtrise du code, loin de vous confiner à l'espace numérique, vous projette, au contraire, au contact du monde entier.

La production de code va d'ailleurs de pair, pour certains groupes, avec la rédaction de manifestes politiques influencés par le situationnisme et le cyberpunk, des courants de pensée soucieux de l'écart entre le monde et sa représentation. Mélange d'intelligence informatique, de conscience écologique, d'omniprésence des réseaux et d'un rapport au monde médiatisé par la connexion, ces textes procèdent d'une revendication identitaire nourrie par la maîtrise du numérique. « Nous sommes les néo-hommes, affirme le manifeste cyberpunk. Ces nouvelles espèces d'homo sapiens, qui devaient naître dans cet âge. Notre façon de sentir le monde rend le cyberespace naturel. Notre première respiration dans ce monde, à l'instant de notre naissance, comprenait la densité du flot électrique dans les câbles, le bourdonnement des machines qui nous entourent, les vibrations des données dans l'air et dans les fils. Nous absorbons la technologie comme d'autres avalent la nourriture, l'air ou l'eau. »

D'un manifeste à l'autre, la foi dans le code s'ajoute à des constats rituels : « le système a tort » ; « le réel fuit dans la représentation » ; « la technologie est le seul vaisseau qui puisse nous emmener de l'autre côté ». Certains auteurs se voient comme la population indigène d'un espace numérique que des pouvoirs veulent coloniser et qu'ils défendent au nom de la liberté d'Internet. Dans les faits, ce millénarisme politique rejoint un vécu partagé : aucun langage informatique n'existerait sans la communauté d'utilisateurs qui s'auto-organisent pour le développer à coups de congrès, forums, partages de normes et tutorats. Échanger conseils et innovations, débattre d'ajustements est si répandu que les langages informatiques grandissent plus vite que les langages naturels.

Ce renouvellement des langages est désormais lisible dans l'enseignement : les langues dites « mortes » sont remplacées par les langages informatiques. Tandis que le latin et le grec ancien, qui ne sont plus parlés, mais qui restent lus par des minorités de lettrés, s'effacent, on apprend partout des langages informatiques que nul n'utilise oralement mais qui sont largement lus par des hommes et par des machines. Ce mouvement dépasse le monde classique de l'informatique : maîtriser le code devient un enjeu dans des métiers aussi divers que graphiste, journaliste, statisticien ainsi que dans beaucoup de disciplines artistiques. Quand on parle d'écrire dans l'univers numérique, il faut spécifier : code ou texte.

Le texte

La première vraie rencontre entre le code et le texte date de 1964, avec la mise en service par IBM d'une technologie complexe : MT/ST, initiales en anglais de bande magnétique/machine à écrire *Selectric*. Ce dispositif brouillon juxtaposait un clavier, une mémoire et une machine à écrire. En tapant sur le clavier, il était possible de placer un texte dans la mémoire (la bande magnétique) voire de le corriger. Le texte repartait ensuite depuis la mémoire vers la machine à écrire électrique dont les touches bougeaient seules, comme sur un piano mécanique exécutant un morceau. L'impression se produisait ainsi, avec un exemplaire unique, au rythme qui semblait infernal d'un feuillet toutes les deux minutes.

Jim Henson, qui créera ensuite le *Muppet Show*, a réalisé à cette époque, sous le titre *Paperwork explosion* (l'explosion du travail de bureau), un film de promotion de cinq minutes montrant des scribes, des manuscrits, des presses à bras, des imprimeries et finalement un défilé de familles typographiques et de mises en page destinées à installer cette innovation dans sa dimension historique. MT/ST était le premier traitement de texte, le premier dispositif, depuis l'invention de l'imprimerie par Gutenberg, permettant de modifier le contenu, l'apparence et la disposition sur la page d'un texte transformé en une matière souple, déformable à volonté.

Le traitement de texte est devenu l'outil par excellence pour la rédaction de documents à la fin du XXe siècle. Remodelé au gré des corrections, un texte restait pourtant vu comme une entité relevant du papier imprimé. C'est seulement lorsque l'apparition de liseuses et de tablettes, au début du XXIe siècle, a touché la forme noble de l'imprimé, le livre, qu'il est devenu patent que le numérique rompait un usage séculaire. La lecture ne s'associe plus à l'odeur de colle et de papier accompagnant la découverte d'un texte disposé sur une page. Que veut dire d'ailleurs un numéro de page sur l'écran où le changement de taille des lettres déplace le texte de page en page ? Dans sa version initiale, la première liseuse largement diffusée, Kindle, n'avait pas des numéros de page mais des numéros de « zone », ce qui entraîna la protestation de lecteurs se sentant perdus dans le texte (ils peuvent désormais savoir ce que serait le numéro de la page s'ils lisaient la version papier).

Il est courant d'entendre des regrets comme ceux du romancier Jonathan Franzen : « pour des lecteurs sérieux, une sensation de permanence fait toujours partie de l'expérience… Un écran donne la sensation que l'on pourra effacer ceci, changer cela, faire bouger l'ensemble ». Mais cette nostalgie propre aux temps du numérique est à la fois myope et en retard de plusieurs décennies. La vraie rupture, autrement plus profonde, est survenue des décennies avant les premiers signes d'abandon du papier, avec l'apparition du fichier. Son existence en tant que contenant d'un texte paraît naturelle dans l'univers de l'informatique mais les premiers visionnaires de l'ordinateur ou d'Internet n'ont jamais envisagé ce rangement. Le Memex de Vannevar Bush (tenu pour le premier projet d'ordinateur personnel) ou le Xanadu de Ted Nelson (tenu pour le modèle initial du réseau) rêvaient d'un fichier pour chaque utilisateur, avec une indexation interne, et pas d'un fichier par texte. Unix, un des premiers systèmes d'exploitation des ordinateurs, a diffusé l'usage du fichier avant que Steve Jobs, en produisant les ordinateurs Mac, ne conforte à son tour cette solution jamais plus discutée. Le texte est pris dans le fichier comme la pistache dans le loukoum.

La réception d'un texte n'est pas indifférente à la forme qui l'abrite. Pour les premiers chrétiens, la différence entre les écritures du catholicisme romain et des autres textes religieux qui les ont précédées, tenait d'abord au support. Avec le christianisme, les pages du codex ont supplanté les écritures du rouleau. L'Évangile a été lu page à page, ce qui était nouveau. Sans prétendre que le passage du codex au fichier numérique corresponde à l'émergence d'une nouvelle Église, il faut constater que les fichiers traitent la pensée humaine et le texte qui la porte de manière neuve. Jaron Lanier, le plus fameux gourou du numérique, croit que la rupture en cours dans l'univers numérique tient plus au rangement des fichiers au sein de dossiers dans l'arborescence d'une mémoire d'ordinateur qu'à l'affichage sur un écran. « L'existence du fichier, dit-il, implique la notion que l'expression humaine est produite sous formes de morceaux qui s'organisent comme le feuillage d'un arbre abstrait – et que ces morceaux ont des versions différentes et qu'ils peuvent être mis en rapport avec des applications compatibles. »

Le rangement par fichier est bien sûr appliqué aux autres types de contenu : son, image, vidéo. Les pirates puis le premier magasin de musique en ligne, iTunes, ont délaissé d'emblée le concept d'album musical pour traiter de chansons à l'unité, chacune ayant son fichier. La même démarche s'est imposée pour la circulation d'articles de revues scientifiques ou de vidéos. Le fichier est devenu le commun dénominateur de la vie numérique. Appelée à témoigner en 2010 devant une commission fédérale soucieuse de la « Réinvention du journalisme » afin d'assurer son avenir aux États-Unis, l'entreprise Google s'est déclarée incapable de débattre de quotidiens ou de magazines dans leur ensemble, disant ne connaître que « l'unité atomique de consommation – la forme de base d'un contenu que les consommateurs désirent », en l'occurrence le texte de chaque article.

Paradoxalement, le rangement dans des fichiers

interdit l'émergence de contenus réellement multimédias. Tous les contenus que l'on voit dans une page affichée sur un écran sont en effet, dans le détail de leur code, des additions de fichiers différents. Il n'y a pas d'intégration aboutie. La vidéo jouée dans un blog, l'image ou l'enregistrement sonore glissés dans un article sont en fait des présentations d'un fichier inséré dans l'affichage d'un fichier texte.

Deux décennies d'Internet couplées à l'explosion du Web ont plus changé le texte que des millénaires d'écriture. Il est méconnaissable et reste pourtant le plus fort porteur de sens de la communication humaine. Excisé de son support papier, lardé de médias visuels ou sonores, encagé dans un fichier, l'univers numérique le voit à la fois brisé et enrichi, copié et collé. L'apparition du sms, en 1992, et du microblogging tel que Twitter, une quinzaine d'années plus tard, le confronte désormais à une évolution incertaine. D'un côté, surgit la libération du carcan du fichier avec une situation alternative pour le texte : devenir message dans un flux. De l'autre, émerge le vertige de l'ultra-court, de la brièveté imposée, voire de l'appauvrissement. Le sms obéit certes à une écriture complexe qui inclut pictogrammes, logogrammes, acronymes, omissions, abréviations, rédaction phonétique et erreurs d'orthographe délibérées. Mais user de tout cela pour demander « koi29 ? » à un ami fait courir le risque de s'en tenir à une poésie de rébus dans les mots du quotidien quand se devine la possibilité des densités insoupçonnées.

La littérature a longtemps révéré comme un tour de force le conte ultra-court. Pour les hispanisants, rien ne surpasse *Le dinosaure* du guatémaltèque Augusto Monterroso dont le texte complet s'énonce ainsi : « Quand je me suis réveillé, le dinosaure était toujours là. » Les anglicistes préfèrent *Toc, toc*, la création de Fredric Brown : « Le dernier homme vivant sur terre était assis dans une pièce. Un coup fut frappé à la porte… » Quiconque regarde défiler les 140 signes maximum de ses tweets devine que cette veine ramassée peut trouver sa part de grâce. Le tweet est au texte ce que l'haïku est à la poésie : une expression trop succincte pour vous satisfaire pleinement mais qui rend toutes les autres trop bavardes.

Est-ce pour cela que les internautes s'attachent sans cesse davantage aux flux, qu'ils accumulent les messages dans un texte non pas long mais sans fin ? Après les blogs qui, les premiers, ont joué l'idée d'un texte ininterrompu, les réseaux sociaux, les messages, les « live » des sites d'information affermissent l'idée qu'un texte respire à l'étroit lorsqu'il s'affiche seul, dépourvu de liens sur un écran. La vie numérique paraît se défier de toute offre rappelant le dépouillement du texte sur la page du livre de papier alors que l'hypertexte est accessible en ligne, à tous, à tout moment.

L'hypertexte

Toutes proportions gardées, l'expression publique, dans la vie numérique, n'est pas éloignée des pratiques pré-numériques. Il n'y a pas de rupture entre la publication sur le réseau et l'approche utilisée par les classiques dans l'Antiquité, Si l'on reprend les trois sommets du triangle où Aristote inscrit la rhétorique – l'ethos (la façon dont l'orateur se présente), le logos (le raisonnement qu'il utilise) et le pathos (sa manipulation de l'émotion de l'audience) – il est aisé de les retrouver dans le moindre blog ou le flux d'un réseau social. Un auteur affiche et met à jour son profil, il nourrit son flux de contenus et il se démène enfin avec les commentaires ou les messages de son public à coups de réponses, de modérations ou de retweets.

Tout va plus vite, les échanges sont même instantanés, mais la dynamique du discours reste la même. La vraie différence tient à la nature du texte sur un réseau. À ce distinguo que Katherine Hayles, cette chercheuse qui se définit comme « descendante de l'ordinateur », énonce comme « une maxime évidente et néanmoins centrale : l'imprimé est plat, le code est profond ». Là se trouve la mutation du texte en passant du papier à l'écran. Dans l'univers numérique, le texte devient l'hypertexte. Il héberge du code (des liens, des adresses de fichiers) menant vers d'autres pages, d'autres textes ou vers des images, des sons, des vidéos insérés derrière ses mots ou entre ses paragraphes, ce qui modifie le champ offert au lecteur.

La formule de Roland Barthes proclamant que « la métaphore du texte est celle du réseau » avait l'inconvénient de n'être qu'une formule. L'expression est lumineuse dans sa façon d'exposer que les mots d'un texte cèlent la trame des lectures, des influences, des références, des préjugés de celui qui l'écrit, mais le lecteur du livre imprimé y trouve l'énoncé d'une frustration. Le texte est là, sur la page de papier, mais le réseau est inaccessible. Le texte numérique, en revanche, est affiché avec les liens menant aux contenus choisis par l'auteur. Barthes voyait juste mais il fallait inventer l'ordinateur personnel et Internet pour qu'il ait raison. La confirmation de sa prémonition est d'ailleurs une victoire à la Pyrrhus : sur le réseau, le texte plonge dans un tourbillon où, devenu hypertexte, il voit changer l'auteur, son public et le contenu.

L'auteur est le plus touché dans cette affaire. Littéralement, il n'est chez lui nulle part. Que ce soit sur la page d'un site ou d'un blog, ou sur le flux d'un réseau social, son expression côtoie commentaires et contenus venus d'ailleurs. Son devoir d'auteur est d'accueillir ces autres internautes qui commentent ou lui envoient des messages, et également de placer des liens pointant vers leurs pages sur le réseau. Dans une régression étonnante, l'hypertexte le plus courant, disons la page Facebook d'un internaute ou son compte Twitter, recrée l'ambiguïté des manuscrits du premier Moyen Age où il demeure souvent impossible aujourd'hui de différencier ce qui relève du copiste, reproduisant un savoir et des commentaires qu'il a lus et qui lui semblent dignes d'intérêt, et ce qui relève de l'auteur lui-même créant avec sa plume. Le manuscrit étant un support coûteux, les étudiants et les scribes veillaient à n'en gâcher aucun espace en composant des *reportata*, des livres de textes mêlant des écrits de diverses origines. Le nom de l'auteur était souvent omis, l'auteur étant, de fait, cclui qui compilait ce qui lui semblait digne d'intérêt. Cette même pratique est dénoncée aujourd'hui chez les internautes qui publient en ligne des contenus sans mettre de liens vers les pages où ils les ont trouvés.

L'audience, dynamisée par les réseaux sociaux, n'est pas en reste dans le jeu du mélange à tout-va. Elle publie en jouant le jeu de l'auteur-compilateur. Mais elle réagit aussi vers les autres auteurs en cédant à deux péchés capitaux qui polluent l'hypertexte : le spam et le troll. Le premier est un abus d'une position puisque spammer (le verbe existe), c'est publier à l'excès au point d'encombrer l'espace de celui qui reçoit messages et commentaires ; le second est un abus de confiance puisque troller (autre verbe qui se conjugue au quotidien) revient à détourner l'objet réel d'un va-et-vient de contenus ou de commentaires entre des internautes afin d'y imposer un autre thème ou une présence indésirable.

Quant au contenu, il est vain de tenter de suivre sa mutation. En devenant hypertexte, le texte change de nature. Ses liens mènent le lecteur vers d'autres contenus. Il est à la fois les mots et les choses puisqu'il est truffé de médias, d'images, de sons, de vidéos, de diaporamas, qui souvent se consultent sur la même page. Cette façon d'offrir la « présentation d'un média dans un autre média » se nomme la remédiation. Forgé dans les premières années du Web par deux professeurs américains, Jay Bolter et Richard Grusin, ce terme désigne pour eux la « caractéristique essentielle d'un média numérique ». À la façon de deux poupées russes dont l'une enveloppe l'autre, un média numérique contient un autre média qu'il affiche sans le modifier, et même en ajoutant un lien permettant de le voir à part, dépouillé de l'environnement qui l'a fait découvrir.

La remédiation fonctionne comme une autre naissance du média repris car le contexte est changé. « YouTube fonctionne en remédiation de la télévision dans le "monde des publics en réseaux" que nous habitons au XXIe siècle », constate Richard Grusin en évoquant l'accumulation des vidéos copiées par les internautes à partir d'une chaîne de télévision puis placées sur la plate-forme d'hébergement où elles sont visibles sans cesser d'être également disponibles sur des blogs ou des sites. Comme concept, comme catégorie analytique, comme pratique, affirme Richard Grusin, YouTube est devenu avant tout un outil de remédiation, où l'audience se saisit du contenu d'un média pour le faire circuler dans un nouveau contexte, c'est-à-dire dans un autre temps, d'une autre façon, vers une autre audience.

Ces remédiations n'ont rien à voir avec l'activité d'un James Joyce se disant heureux de passer à la postérité en tant que virtuose des ciseaux et de la colle. Quand il cherchait la bonne construction pour son *Ulysse*, le romancier irlandais était le maître du jeu, l'auteur de chacun des éléments qu'il arrangeait au mieux dans son manuscrit. Elles n'ont rien à voir non plus avec la tapisserie de Bayeux, mêlant le texte et l'image d'un récit qu'un troubadour relaie par le chant pour produire un authentique contenu multimédia… du XIe siècle. Dans l'espace social d'Internet, le collage et le remontage numérique n'ont plus de limites. Par exemple, le montage d'un extrait d'une partie de football captée par un amateur de sports ou bien de vidéos enregistrées par un soldat en opération en Irak ou en Afghanistan sont accompagnés par une bande musicale mixée de façon spécifique avant qu'un autre internaute sans lien direct avec le ou les précédents, mette le résultat sur la page d'un blog proposée sur un lien du compte Twitter d'une autre personne encore. Cette chaîne des contenus court d'un bout à l'autre du réseau et ses maillons sont furieusement mélangés.

L'hypertexte est au cœur de la vie numérique. Sélectionner, éditer et partager des contenus – ce que l'on appelle la curation – revient à produire de l'hypertexte. Les réseaux sociaux, les nuages, les sites et les internautes forment le monde de la curation ; l'hypertexte est la monnaie qu'ils mettent en circulation sans avoir besoin de contrepartie. Le slogan utilisé pour la promotion d'iTunes, le logiciel lancé par Apple lors de la création du premier magasin numérique en ligne, en 2005, tenait dans trois mots : *rip, mix, burn* (extraire, mélanger, graver). Plutôt que de vanter les mérites d'un logiciel et d'un magasin de vente de musique, la publicité traitait du véritable produit mis en circulation : la transformation de la culture numérique en une activité individuelle où chacun démonte les albums composés par des artistes, bâtit ses playlists et produit son propre remix dans un jeu de copier-coller multiples permettant de trouver son identité. Je mixe, donc je suis. Avec les réseaux sociaux pour caisse de résonance, cette activité a trouvé toute son ampleur. Quand il fait à son tour la publicité en trois mots de son application *Compendium*, le quotidien *The New York Times* propose, en 2012 : *clip, comment, share* (produire une coupure, commenter, partager) en invitant ses lecteurs à démonter le journal pour produire leur propre remix à partager avec d'autres.

La migration du texte en l'état depuis la page imprimée vers l'écran a échoué. Sur les supports numériques, il est devenu l'hypertexte, un support du code qui le fait vivre en réseau et changer d'apparence à volonté. « Toute information se prête à la copie, à la propagation, à la réorganisation, à la représentation selon de multiples perspectives, constate l'écrivain et blogueur Thierry Crouzet. Plus aucune raison technique ne l'attache à une forme graphique particulière quelle qu'en soit la volonté de l'auteur. » Écrire puis afficher un texte sur un écran n'est plus une activité individuelle, et ce constat qui balaie des siècles d'écrits imprimés pose à chaque internaute la même question : la pensée est-elle encore une activité individuelle ?

6

L'HUMEUR VAGABONDE

La culture et le savoir

La vie numérique va si vite que les théories s'épuisent à la poursuivre. Avant même d'être énoncées, elles sont démenties par l'évolution de la technologie et des usages. Aucune des visions utilisées pour décrire le réseau – canal de diffusion, média à part entière, monde alternatif, plate-forme mondiale, réseau social – n'a encore fait l'unanimité. De là, ce paradoxe : sur Internet on trouve tout, sauf la théorie qui explique sa pratique. La réflexion se contente de références disparates dont l'une au moins étonne par son âge et son objet, un essai d'esthétique publié par Walter Benjamin avant la Seconde Guerre mondiale : *L'œuvre d'art à l'époque de sa reproductibilité technique*.

Ce texte de quelques pages, qui ne traite évidemment pas du numérique mais du cinéma, de la photo et des arts graphiques, occupe une place récurrente et justifiée dans tout discours sur les temps numériques. Sa remarque sur l'existence d'un « mode de perception » spécifique d'une œuvre dès lors qu'elle est « conçue pour être reproduite », ou son parallèle entre l'acteur et l'homme politique utilisant un même média de masse trouvent un écho fondé sur le réseau. Philosophe juif allemand, mort en fuyant le nazisme, Walter Benjamin paraissait deviner la venue de la connexion universelle en posant que « la distinction entre auteur et lecteur est en train de perdre sa dimension fondamentale pour se transformer en une distinction fonctionnelle liée aux circonstances : à tout moment, le lecteur est prêt à devenir écrivain ». On ne pouvait mieux dire, surtout si tôt, pour approcher la réalité des pratiques culturelles sur Internet.

Le piratage, les difficultés de l'industrie musicale ou l'apparition du livre numérique sont si souvent évoqués pour traiter de la culture sous forme numérique que l'on en vient à oublier que le changement majeur se situe au sein du public. La triple faculté de publier, de lire ceux qui publient, ou de republier des tiers place en effet chaque internaute dans une position sans précédent. Il peut dans un même texte parler par lui-même, citer le message d'un autre et ajouter un lien menant vers un contenu produit par une autre personne encore. Cette narration mélangée existait jusqu'ici dans le roman, mais pas dans la vie réelle.

Lorsque Stendhal, pour citer un exemple archi-débattu, relate, dans *Le Rouge et le Noir*, l'irruption de Mathilde de La Mole dans la bibliothèque où Julien Sorel parle à l'abbé Pirard, il utilise trois phrases. « Elle était venue chercher un livre et avait tout entendu ; elle prit quelque considération pour Julien. Celui-là n'est pas né à genoux, pensa-t-elle, comme ce vieil abbé. Dieu ! qu'il est laid. » Il y a là une phrase de Stendhal décrivant l'action dans la bibliothèque et, après un point-virgule, l'effet de cette action sur Mathilde. Puis une phrase sur Julien pensée par Mathilde mais rédigée par Stendhal. Et enfin, une phrase sur l'abbé qui ne peut être que pensée et exprimée par Mathilde elle-même, malgré l'absence de guillemets ou d'italiques. Dans ce récit, il y a donc deux locuteurs, Stendhal et Mathilde, et une « transposition des paroles et des pensées » selon la formule du linguiste Gilles Philippe.

Cette transposition est la marque du « style indirect libre », une forme si novatrice que son analyse divisait encore les grammairiens au début du XXe siècle. Sur le réseau existe de même le style indirect numérique avec transposition entre les pages et les messages. Expressions propres, citations et liens hypertexte se mêlent dans un contenu unique sans pourtant provoquer de doute sur ce qui relève de chaque internaute. Ces transpositions forment même la trame de messages les plus courts. Par exemple, en moins de 140 caractères, capacité maximale sur Twitter, un internaute cite un jugement porté sur un musicien, offre un lien vers une œuvre de ce musicien, ajoute un point de vue opposé au jugement et indique enfin dans quel flux de contenus ce message prend place. (La phrase qui précède comprend 280 signes, le double du tweet le plus long.) Aucune autre communication n'en fait autant en aussi peu de mots.

Dans le domaine culturel, cette efficacité du réseau transforme la relation entre le public et la création. La culture y est mise en mouvement d'une autre manière que sur les supports traditionnels. Images, textes, vidéos et sons vont plus vite et se télescopent avec les opinions. Le choix entre les milliers d'œuvres qui s'ajoutent chaque jour à l'offre disponible en ligne utilise des filtres qui n'existaient pas au siècle dernier. La médiation traditionnelle, par la presse ou une réputation établie, est débordée par les recommandations des tiers : recommandations directes des amis ou des forums, recommandations par recensement dans des hit-parades, recommandations par calcul mathématique d'algorithmes indiquant que ceux qui ont lu, vu ou écouté telle œuvre ont souscrit à telles autres œuvres.

Le point d'arrivée est bouleversé par les programmes et les applications qui gèrent musiques, livres, vidéos, images avec des catégories multiples de rangement, des outils de partage, des indexations et des catalogues disponibles en un clic. Un internaute possède ses propres hit-parades de musiques ou de vidéos tenus à jour, il exporte ses choix vers ses amis, enregistre ses prises de notes dans les livres et les compare à ceux des autres lecteurs et fait circuler vers les réseaux sociaux ce qui définit son profil numérique. Le va-et-vient est permanent entre les deux types de listes définis par le sémiologue Umberto Eco : « la poétique du tout est inclus » et « la poétique du etcetera ». Démultipliées par l'emploi des supports mobiles et par le frottement de l'individuel et du social, les pratiques culturelles s'installent dans un contexte neuf de connexion et de socialisation. La culture partout, pour tous et par tous.

Dans la diffusion de la culture, le grand enjeu pour Walter Benjamin était l'authenticité. La technique, rappelle-t-il dans son essai, permet de reproduire une œuvre d'art originale, mais l'original seul est authentique, car il est unique, et donc porteur de l'aura que lui confère sa présence « ici et maintenant », alors que la photo, le cinéma répandent des images conçues pour être reproduites. La prolifération des images mécanisées et des reproductions d'œuvres originales détruit l'aura d'authenticité mais elle ouvre le champ culturel aux masses en réalisant une révolution qui modifie la perception de l'art. « La quantité est devenue qualité. L'accroissement massif du nombre des participants a transformé leur mode de participation », note Walter Benjamin, en relevant que l'engouement collectif pour le cinéma « transforme chaque spectateur en expert ». C'est cette évolution qui s'épanouit jusqu'à son terme sur le réseau où l'internaute est devenu l'expert ultime, expert incontestable, puisqu'il promeut ses choix et ses affinités, et expert influent, puisqu'il dispose de moyens de reproduction et de partage.

Pour autant, un essai sur l'œuvre d'art à l'époque de sa reproductibilité numérique n'aurait aujourd'hui aucun objet s'il en restait à la quête de l'authenticité. Distinguer entre l'original, la reproduction de l'original et les images conçues pour être reproduites n'a pas de sens dans un univers qui brasse seulement des copies numériques porteuses d'un code à la rédaction absolument identique. Le facteur de mutation ne tient plus à l'œuvre dans ses différents états mais aux pratiques culturelles de l'internaute. Chacune de ses actions dans le champ culturel, qu'il s'agisse d'adresser un lien à un ami, de s'exprimer sur le film qu'il vient de voir ou de télécharger une chanson prise en compte par un algorithme, contribue à la diffusion d'un contenu. « On ne peut plus rien dire qui n'ait déjà été dit », déplorait le poète Terence, deux siècles avant Jésus-Christ. Le réseau se plie à ce dogme : on y fait aimer, partager, commenter des contenus culturels que d'autres ont déjà mis en ligne. Mais cela se fait avec tant de surprises, d'ampleur et de complexité que la culture s'en trouve revisitée.

Pour comprendre comment Internet affecte l'univers de la culture, le plus simple est de partir de la disparition, le 22 septembre 2004, au-dessus du Pacifique, du vol Oceanic Flight 815, faisant la liaison aérienne entre Sydney et Los Angeles. Bien que l'avion ait été donné pour perdu, soixante et onze de ses passagers ont en réalité survécu et se sont retrouvés prisonniers, durant plusieurs années, d'une île oubliée sur les cartes. Une communauté de scientifiques, d'autres habitants, des naufragés les ayant précédés et des visiteurs venus en cargo ont compliqué le séjour insulaire de ces rescapés avant que l'explosion d'une bombe à hydrogène crée un monde parallèle leur permettant finalement d'arriver à Los Angeles, comme si rien ne s'était passé.

Diffusés de 2004 à 2010, les 121 épisodes de la série *Lost*, malaxant le temps et les limites du plausible, constituent un solide exemple de réussite de la création télévisuelle dans la première décennie du XXIe siècle. Dans un moment où Internet découvrait sa dimension sociale, la série a trouvé non pas un écho, mais une part majeure de sa réception par le public, et partant de sa création, sur les sites, les blogs, les forums qui l'ont relayée dans le monde entier. Plusieurs années plus tard, on peut voir en ligne les vidéos des six saisons, des épisodes supplémentaires produits pour le téléphone mobile, les sites prétendument tenus par des personnages, ceux des producteurs et diffuseurs, des applications pour smartphones, un jeu interactif, des offres de voyage sur les lieux du tournage, les blogs et forums des fans (les Losties) ainsi que le site encyclopédique qu'ils ont créé (Lost-pedia – le Wikipedia de Lost) avec près de trente mille articles en dix-huit langues, des critiques de la presse, les sites des acteurs, etc.

Les créateurs de la série n'ayant jamais caché ce qu'ils doivent au roman *Sa Majesté des mouches* du prix Nobel de littérature William Golding comme aux jeux de téléréalité du type *Koh-Lanta* où des concurrents se disputent des ressources insuffisantes pour survivre, *Lost* sur le réseau est moins une série TV qu'un entrelacs d'influences et de relais mêlant des œuvres, des divertissements, des interprètes et des activités privées ou professionnelles dans l'univers numérique. *Lost* a existé avant, à côté et après sa diffusion sur les chaînes de télévision. S'agissant d'une création faite pour la télévision où la science-fiction se mêle au fantastique, il est tentant d'y voir la preuve qu'Internet est une culture de délassement ou un espace de loisir, mais la même dynamique, usant des mêmes outils et connexions, agit pour l'opéra, la littérature ou les beaux-arts, ce qui abolit une vieille hiérarchie de la culture.

Sur Internet, il n'existe pas de distinction entre les disciplines artistiques classiques et la culture populaire. La frontière entre les deux est même tombée de façon si rapide que l'on a oublié comment le réseau a achevé cette opposition qui fut rituelle, jamais énoncée de façon plus clivante que par le critique Dwight Macdonald : « Durant à peu près deux siècles, la culture occidentale a été en fait deux cultures : la traditionnelle – appelons-la haute culture –… et une nouvelle sorte de culture produite pour le marché. » Dans toutes les sociétés existait ainsi ce préjugé que le sociologue Bernard Lahire nomme un « arbitraire culturel dominant » : un discours implicite établissant les normes de la qualité culturelle face à une culture à visée commerciale. Aucune confusion n'était possible selon André Malraux, inventeur du premier ministère de la Culture : « Il y a un roman des masses, pas de Stendhal des masses ; une musique des masses, pas de Bach – ni de Beethoven, quoi qu'on en dise ; une peinture des masses, pas de Piero della Francesca, ni de Michel-Ange. »

Dans cette vision, les artistes légitimes sont financés par les mécènes et l'État, et présentés dans des édifices grandioses : musées, bibliothèques, théâtres et opéras. Fréquenter à la fois cet univers et celui de la culture populaire est une pratique qui n'a cessé de croître mais dont le côté mélangé reste perçu comme une volontaire « dissonance », pour citer encore Bernard Lahire. Est dissonante la personne qui assiste à la représentation d'un opéra de Wagner puis chante une chanson de Dave dans un karaoké. Internet est un espace qui installe l'internaute dans la dissonance. Il ne faut pas rêver ici au personnage joué par l'actrice Kate Winslet dans le film *Titanic*, fuguant de la première classe vers un pont inférieur afin de s'encanailler, musique et danse aidant, dans la culture populaire. Sur le réseau, les internautes naviguent dans une classe unique et leur vaisseau découvre un nouvel horizon, un océan numérique qui mêle tout : les créations (ou plus exactement leur copie numérique), le tourisme culturel, les loisirs, la promotion de la culture, les offres des institutions et – essentiel – l'opinion des amateurs et consommateurs de tous types.

Wolfgang Amadeus Mozart, en ligne, est une offre dissonante : on trouve l'œuvre intégrale du compositeur par tous ses interprètes en téléchargement, y compris les vidéos, des jeux interactifs, la vente de billets pour les concerts, tous les livres, les films, l'érudition la plus achevée sur le compositeur, des sonneries de téléphone portable utilisant des mélodies de Mozart, la radio numérique qui diffuse sa musique et rien que sa musique en permanence, la page Facebook, catégorie « musicien/groupe », où plus de deux millions et demi de personnes qui « aiment ça » vous attendent, les horaires de visite du logement que le musicien occupa à Vienne, l'application pour mobile afin d'initier les enfants, le fac-similé de partitions écrites de sa main, les cafés, hôtels et marchands de chocolat qui ont pris son nom pour enseigne. La liste est incomplète, bien sûr, car elle est impossible à établir.

Dans l'univers culturel, le réseau combine une insurpassable richesse de contenus artistiques et une hiérarchie implacable : la culture des médias compte davantage que la culture artistique et littéraire. Internet réalise la prédiction formulée par Marshall McLuhan à la fin des années soixante : « Alors que nous pénétrons dans le monde du savoir intégral géré par ordinateur, affirmait-il, les simples classifications deviennent secondaires et inadaptées aux vitesses auxquelles les données peuvent être traitées. Avec des données traitées très vite nous entrons littéralement dans l'univers de la reconnaissance des formes… » Savoir si la perruque poudrée et le ruban noué sur la nuque figurant Mozart est l'étiquette d'un chocolat ou la couverture d'un enregistrement mono-stéréo du 21e concerto pour piano et orchestre avec Dinu Lipatti au clavier, ou encore le logo d'un hôtel viennois sur une page d'un site de tourisme n'a plus de sens. De toute façon, c'est Mozart, Mozart sur le réseau, donc tous les Mozart dans une offre multimédia et pluriculturelle traitant l'internaute avec les mêmes interfaces qu'il ait choisi Mozart ou *Lost*.

En ligne, le public découvre, autant qu'il l'écrit, un nouveau chapitre dans la perception de la création. Il expérimente, sans visiter les salles de concert, les musées ou les théâtres, une relation à la culture où tout est posé sur un même plan, comme affranchi du poids des savoirs et de l'Histoire. C'est une rupture que même le jeu subtil des références du post-modernisme n'a pas osée après la succession des avant-gardes de l'art moderne. Dans un monde où tout était médiatisé, et donc susceptible d'infinies combinaisons, un building de Philip Johnson feignant de jouer au classique, une chaise de Philippe Starck moulant le plastique dans une forme Louis XVI offraient encore, juste avant l'apparition du Web, un jeu de signes et d'ironie qui se rattachait au passé. Il existait des références puisque des créateurs en jouaient. Mais, chaque internaute l'expérimente, il s'agissait de jeux pré-numériques, installés à leur exacte place dans la chronologie de la création.

Le post-post-modernisme est désormais en ligne. Ce n'est pas une avant-garde, ni un courant artistique, ni une bibliothèque multimédia, mais le déferlement d'une offre devenue totale : tous les contenus culturels disponibles sur un réseau unique pour une audience universelle. La culture fait face à un vertige neuf : l'absence totale de limites à son offre.

Le flux des « mème »

Comme toujours, l'art a joué les précurseurs. Bien avant Internet, l'ordinateur et l'idée d'un usage pratique de l'électronique, Marcel Duchamp a étendu la création à l'univers le plus usuel du quotidien en exposant un sèche-bouteilles, le premier de ses objets « ready-made ». C'était en 1914 et l'œuvre, tout juste achetée au Bazar de l'Hôtel de Ville, passait sans coup férir de la catégorie outil pour emballages utilitaires à celle d'objet d'art, à la façon dont la page de résultats d'un moteur de recherche mélange les liens menant vers un site marchand à ceux proposant la page d'accueil d'un musée.

L'exposition des peintures d'une boîte de soupe Campbell's et d'une bouteille de Coca-Cola signées Andy Warhol, en 1962, a de même installé la reproduction infinie d'une image dans le territoire de la création. Le règne de la télévision, la banalisation des enregistrements musicaux, la montée du design dans les objets du quotidien ont fait le reste : devenue omniprésente, la culture au sens très large était prête pour la connexion. Internet, surtout avec le déploiement des réseaux sociaux, achève la tâche en installant au sein du public des usages de consommation qui en font le premier référent. Internet, c'est la résolution inattendue, parfaitement horizontale, du dilemme entre le bas et le haut, entre la culture populaire et celle des élites, par la connexion d'une telle masse d'internautes absorbant une telle quantité de contenus que la relation entre l'artiste et le public en est métamorphosée.

« La culture du grand public, qui était vue comme l'ennemi de l'artiste, constate John Seabrook, journaliste à l'élitiste magazine *The New Yorker*, a même commencé à acquérir une sorte d'intégrité en représentant l'expression authentiquement populaire des préférences du public », débarrassée de toute médiatisation, copinage et autres promotions. C'est une dynamique sociale qui, sur le réseau, distribue le label le plus influent. Elle a décidé que la première vidéo musicale digne de dépasser un milliard de vues est *Gangnam Style* interprétée par Psy et disponible sur le site YouTube. Libre à chacun de ne pas partager cette opinion, mais justement, il ne s'agit plus d'une opinion ; c'est une action réalisée plus d'un milliard de fois par des internautes.

Autant que l'énormité du nombre, c'est la fugacité de l'opération qui compte dans cette affaire. Un contenu culturel, même à succès, n'est que de passage dans un écran. « La culture commence à ne plus se comporter comme une *mémoire d'archives* pour devenir, à l'inverse, une *mémoire opérationnelle*, d'interconnexions entre *données* – et *sujets* – de la connaissance », constate José Luis Brea, professeur d'esthétique à l'université Carlos III de Madrid, dans un essai au titre explicite : « Culture_*RAM* ». La RAM (*random access memory*) c'est la mémoire temporaire où l'ordinateur stocke les données de l'opération qu'il réalise avant de les effacer pour faire les opérations suivantes. La RAM est l'opposé de la ROM (*read only memory*), une mémoire où les données sont stockées de façon pérenne, à la façon dont les œuvres s'accumulent dans un patrimoine.

Dans son mode opératoire, le réseau écarte l'idée d'un quelconque Panthéon des œuvres immortelles de la culture artistique et littéraire. Il serait trop limité, trop statique. D'ailleurs, les internautes acquièrent souvent des musiques, des vidéos, des livres de telle manière qu'ils ne peuvent les transmettre à leurs héritiers ni les prêter directement à des amis. Ils achètent un droit d'usage, parfois sans même indiquer les œuvres concernées : il s'agit de piocher dans un catalogue, au gré des suggestions des algorithmes et des amis. Les œuvres se sont alignées sur les autres contenus en ligne : elles retiennent l'attention d'un internaute, un moment, pas davantage.

Plusieurs théories peuvent aider à deviner la nature neuve de ce que charrie ainsi le réseau. Aucune ne suffit, mais toutes ont leur part d'intelligence au moment de comprendre ce statut revisité des œuvres dans l'univers numérique. Il y a au sens strict des produits de l'« industrie culturelle », telle que la définit Theodor Adorno : la valeur des œuvres tient à leur contenu symbolique. Il y a aussi un écho de « l'étape du miroir » dont parle Jacques Lacan : une œuvre renvoie à l'internaute un reflet de lui-même à travers ses goûts et cela le rend visible pour les autres grâce aux réseaux sociaux. Il y a encore l'illustration du concept de « rhizome » forgé par Gilles Deleuze et Félix Guattari : une œuvre ne se place pas dans une hiérarchie mais dans une arborescence de liens et de connexions. Il y a enfin l'image aboutie du « simulacre » décrit par Jean Baudrillard puisque l'apparence de l'œuvre sur l'écran ne renvoie à aucune présence durable.

Les professionnels d'Internet ignorent ces approches théoriques et s'en remettent au « mème » tel qu'ils le voient vivre en ligne. Le mème est une idée, un contenu ou un comportement transmis d'internaute en internaute via le réseau. Le mot a été inventé par le biologiste Richard Dawkins, en 1976, pour rendre compte des phénomènes socioculturels dans les processus d'évolution. Le même, du grec ancien *mimeme*, qui désigne quelque chose d'imité, est au domaine socioculturel ce que le gène est à la biologie. Pour Richard Dawkins, le même rend compte de la diffusion des savoir-faire, des croyances, des idées. Sur Internet, le même est un contenu cité, copié, détourné, diffusé de façon rapide. La vidéo du danseur résumant l'histoire de la danse moderne en trois minutes, le tweet du président américain qui annonce sa réélection, la photo de l'avion civil posé sur la rivière Hudson, le nom d'un nouveau régime pour mincir, l'annonce de la mort d'un artiste aimé sont autant de mêmes qui courent entre les internautes dans un processus de réplique et de propagation tenant de la mode, de la fièvre passagère, de l'éclat de rire partagé ou de l'indignation subite.

Le même est une appréciation collective d'un contenu. Il trouve sa légitimité dans le buzz numérique qui place soudain une vidéo, un tweet, un lien vers une page au cœur de l'activité numérique d'un grand nombre d'internautes. C'est une culture de l'instant. Comme le note cyniquement le journaliste David Brooks, le chasseur de snobs qui le premier a décrit les bourgeois bohèmes et forgé le terme bobo : « Les inventeurs, les artistes et les écrivains vont et viennent, mais le buzz, lui, est là pour toujours. » Quand cette dynamique de la reconnaissance collective s'applique à un contenu culturel, elle rassure et enveloppe ceux qui la vivent. Ils sont volontiers prêts à croire que toute personne connectée voit un contenu identique à celui qui se trouve sur leur écran. Qu'ils soient les « Losties » s'activant autour de leur série, les fans de la page Mozart sur Facebook ou l'immense population de ceux qui font circuler, d'écran en écran, un mème sans jamais se parler, ils valident tous la définition de la culture que donnaient les anthropologues : une pratique caractéristique d'un groupe.

Dans le champ culturel classique, cette mutation a un effet majeur : le public est changé. L'artiste savait le capter dans une salle de spectacle ou dans un livre, au sein de la construction interne d'une œuvre. Désormais l'inverse existe : l'hyper-présence de liens externes prolonge une expérience par nature morcelée. « Nombre d'œuvres des anciens sont devenues des fragments. Nombre d'œuvres des modernes le sont dès leur naissance », ironisait le philosophe Friedrich Schlegel en accompagnant la naissance du romantisme. Sa boutade n'en est plus une dans l'espace numérique. Une œuvre, fût-elle un chef-d'œuvre, n'est qu'un fragment de l'expérience vécue lors d'une connexion au réseau. Dans l'espace numérique, nul artiste ne tient un public prisonnier.

Complexité

Le numérique n'a pas le monopole des expériences fragmentées. En expliquant la venue de ce qu'il appelle « la condition postmoderne », en 1979, Jean-François Lyotard pointe la disparition des métarécits, des narrations globales capables d'encapsuler la marche des idées ou de l'Histoire dans un tout unique. Le réseau, qui ne peut être taxé de servir une vision économique, politique, religieuse ou culturelle exclusive, apparaît dans cette période de doute sur les explications définitives. En aucune manière il n'a semblé capable de remplir le vide laissé par les grands récits, mais un espace considérable était disponible pour lui. Il l'a peuplé à sa manière, en alignant des niches de contenus et des usages où chaque internaute trouve ses fragments de cultures et de savoirs.

Dans le moment où les sciences humaines reconnaissaient que le réel n'est pas si facile à décrypter, alors que l'idée du progrès en tant que moteur et explication de l'Histoire n'apparaissait plus comme une garantie, Internet a invité chaque internaute à s'en tenir à une maîtrise modeste du monde : gérer seul, librement, le contenu de son écran. Une offre de dupes car il n'a pas fallu une décennie pour réaliser que nul ne reste inchangé par l'expérience numérique. « Ce n'est pas vrai qu'Internet est seulement un outil, pointe l'écrivain péruvien Mario Vargas Llosa. C'est un ustensile qui devient une prolongation de notre propre corps, de notre propre cerveau qui, lui aussi, de façon discrète, s'adapte peu à peu à ce nouveau système d'information et de pensée, en renonçant peu à peu aux fonctions que ce système réalise pour lui et, parfois, mieux que lui. »

Aucun autre espace mettant en jeu la culture et la connaissance n'est aussi mélangé. Dans la suite des affichages sur son écran, un internaute est confronté au registre complet des expressions de l'art ou de la pensée. Trois représentations de la réalité peuvent se combiner sur une page personnelle de Facebook : le vrai, le faux et le fictif (le faux qui simule la véracité), comme dans la littérature analysée par le philosophe Carlo Ginzburg. Le savoir confronte les deux catégories distinguées par Aristote, l'Epistème et le Techne, le « savoir pourquoi » et le « savoir comment », selon que l'on passe d'une page de Wikipedia à la vidéo d'un tutoriel. La forme met en compétition image et texte plus qu'aucun autre média, au point de réaliser sur YouTube, deuxième moteur de recherche le plus utilisé, l'alternance d'une question sous forme de texte et d'une réponse en images. Le réseau est d'autant plus divers que son essence, le lien hypertexte, interdit de fermer le carcan d'un contexte. Tout est remis en jeu à l'ouverture d'une nouvelle page : contenu, auteur et environnement, puisque chaque page est aussi la porte d'entrée et de sortie d'une autre page.

En regard des supports classiques de la connaissance, comme le livre ou le film, le réseau est un dispositif plus riche mais articulé de façon brutale. Sa maîtrise impose aux internautes de se repérer dans l'offre de contenus pour écarter ce qui semble inutile à l'expérience. « Lire devient un processus d'élimination plutôt que d'engagement », remarque justement Douglas Rushkoff.

Sur Internet toute offre est traitée avec la conviction qu'il s'agit d'un objet fractal : connaître une des parties suffit pour en deviner l'ensemble. Un talent propre aux internautes les plus jeunes consiste d'ailleurs à saisir ce que permet un outil, un jeu ou un contenu en ayant une interaction limitée avec l'une de ses parties. Cela reste possible car Internet n'est pas une représentation du réel mais bien une extension qui existe par elle-même. Comme le rappelle le poète Gabriel Zaid : « Les nombres, les miroirs, les ombres, les portraits, les échos, les symboles : tous les dédoublements de la réalité ont provoqué la fascination et la terreur quand cela n'a pas été l'interdiction. » Rien de cela, au contraire, ne se produit sur le réseau vu comme une entité à la fois singulière et universelle où l'internaute agit avec la sélectivité d'un braconnier qui choisirait son gibier.

Quand l'écrivain Jules Renard reconnaît dans son *Journal* « mon cerveau manque de fiches », au début du XXe siècle, il déplore ses limites en tant qu'individu pour trouver et mémoriser des données qui pourraient aider son art et étendre sa culture. Un siècle plus tard, Internet apporte une solution en déplaçant la requête. Le réseau ne change pas les capacités d'un individu mais il le connecte de façon permanente avec une universalité disponible dans toutes les dimensions. Les discours des premiers temps numériques sur la convergence (convergence des médias, des écrans, des technologies, etc.) sont désormais dépassés. Les convergences sont en fait des universalités : universalité des outils (tout objet, un jour ou l'autre, finit connecté à Internet) ; universalité du temps (le « prime time », en ligne, c'est mon temps, et il n'en existe pas d'autre), universalité géographique (plus de frontière sur un réseau universel), universalité des rôles (le concurrent est le partenaire ; le lecteur est l'auteur), universalité des savoirs (tout existe sous forme numérique, tout est accessible depuis le réseau).

L'apparition d'une autre culture, réellement globale, résulte de ces universalités car il est désormais possible, pour armer une création ou nourrir une pensée, de jouer tout à la fois de la simultanéité, de l'ubiquité et de la collectivité dans un espace n'ayant pas de localisation réelle. Autant qu'un amalgame de contenus et d'outils, le réseau est, de ce point de vue, une complexité nouvelle. On sait quelle place les historiens accordent à la confection de la première Encyclopédie dans l'émergence du siècle des Lumières. Il sera passionnant de voir comment les historiens du futur considéreront la confection de l'encyclopédie participative Wikipedia. La rédaction de millions d'articles par des dizaines de milliers de contributeurs dans des centaines de langues est une prouesse opérationnelle qui fait deviner, pour la première fois, ce que peut être l'univers culturel du réseau : un système adaptatif complexe.

Selon l'Institut de Santa Fe, entité de référence sur ces systèmes complexes, six facteurs y sont présents de façon récurrente, qu'ils soient naturels, artificiels ou sociaux. On les retrouve dans Wikipedia : auto-organisation de contributeurs qui se comportent de façon similaire ; synergie entre des contributeurs qui produisent ensemble un résultat impossible à atteindre seul ; proximité de contributeurs qui savent ce que font les contributeurs les plus proches ; rétro-information, car l'information circule à la fois depuis et vers le contributeur ; adaptabilité du système, jamais figé, qui réagit aux demandes venues des utilisateurs ; et enfin non-linéarité du système fortement changé par une petite modification d'une donnée initiale comme les règles de contribution. On peut évidemment traiter avec les mêmes critères une équipe de football dont les joueurs interagissent et s'adaptent aux décisions de l'arbitre, aux faits de jeu et aux remplacements décidés par l'entraîneur. Mais un effet de masse ne peut être ignoré : les internautes sont plus nombreux, et ils se parlent plus vite qu'un gardien de but communique avec son avant-centre.

Au demeurant, même seul, un internaute est convaincu de rivaliser avec l'esprit le plus averti quand il traite de l'art, du savoir, de la connaissance. Le réseau met à sa disposition un appareil de connaissances qui nourrit la suspicion et résout pour chacun, à tort ou à raison, les controverses. Il s'agit d'un jeu précis et sans cesse répété : l'arrachage de fragments de savoir au réseau par un malade qui discute avec son médecin d'un médicament, le contrôle en ligne par un étudiant de la référence citée par son professeur, la vérification par un lecteur du bon choix d'un terme par l'auteur qu'il lit.

Si les spécialistes sont déstabilisés, la figure de l'intellectuel, en tant que généraliste du savoir et de la culture, est, elle, renversée. Cela tient au mode d'accès au savoir : le moteur de recherche est un généraliste imbattable, dédaigneux de l'organisation classique des disciplines et de l'idée d'une pensée valable pour tout. Il a généré un nouvel espace de la culture et du savoir où chacun, armé des outils numériques trouve, mieux que le bon chemin, son propre chemin. L'humeur vagabonde dont paraît saisi tout internaute n'a pas d'autre explication : pour lui, aucun intellectuel, aucun spécialiste ne saurait avoir raison contre l'immense richesse d'un système où il puise comme il l'entend. Et à ceux qui lui soufflent qu'on trouve tout et donc n'importe quoi sur le réseau, il peut répondre en fouillant un site de citations pour trouver le seul outil dont l'écrivain Ernest Hemingway disait faire usage, le « *shit detector* » [soit, selon un moteur de traduction en ligne : un détecteur de merde].

7

LE CAPITAL

Le système économique

Le président Bill Clinton était-il le chef de gouvernement le plus qualifié pour interdire les contenus à caractère sexuel sur Internet ? Il a tenté de le faire, en 1996, en proposant l'adoption aux États-Unis d'un Communications Decency Act, destiné à combattre la pornographie. Son initiative a été arrêtée par la Cour Suprême, au nom de la liberté d'expression, mais elle a provoqué la publication du premier des nombreux manifestes sur l'inaliénable liberté des internautes et du réseau : la Déclaration d'indépendance du Cyberespace.

Rédigée par John Perry Barlow, parolier du groupe de rock Grateful Dead, et reproduite en son temps sur la plupart des sites, elle reste un modèle de méprise dans le choix d'une cible. Adressée aux « gouvernements du monde industriel » afin de leur dénier tout « droit moral » à gérer le réseau, elle traite de politique et du droit à la libre parole en ligne quand Internet ouvre en fait un nouveau chapitre de l'histoire économique. Avec l'apparition de nouveaux acteurs, un bouleversement des lois de l'échange et de la valeur et une accumulation de richesse aussi rapide que cryptique, un nouveau capitalisme naît dans l'espace numérique. Il est si innovant que les actions les plus banales, comme produire ou acheter, ne sont pas comprises par beaucoup de ceux qui les réalisent en ligne. Mieux : peu d'internautes savent quelle est la monnaie la plus utilisée sur le réseau où ils sont présents chaque jour.

Pourtant tout est simple si l'on part de la phrase répétée dans les cours de marketing depuis plus d'un siècle : « Je sais qu'une moitié de mon budget de publicité ne sert à rien, mais je ne sais pas quelle moitié ». Attribuée à John Wanamaker, propriétaire de grands magasins, à Philadelphie, avant la Première Guerre mondiale, elle pose la question qui se trouve au cœur de toute économie marchande : comment réaliser la rencontre entre un vendeur et un acheteur ?

John Wanamaker savait qu'une part, la moitié selon lui, de ses affiches, de ses annonces dans la presse s'adressaient à des passants ou des lecteurs indifférents à ses offres. Mais il se savait aussi tenu à ces dépenses de publicité car certains passants, certains lecteurs finissaient par entrer dans ses magasins. Larry Page et Sergey Brin, les fondateurs de Google, n'avaient pas l'ambition de résoudre le dilemme de Wanamaker avec leur travail de recherche à l'université de Stanford : « Anatomie d'un moteur de recherche hypertextuel à grande échelle sur le Web ». Au moment où Clinton bataillait contre la pornographie, et ses opposants contre le contrôle politique, tous deux voulaient seulement gérer l'abondance d'un réseau où, notaient-ils, « n'importe qui peut publier n'importe quoi ». Ils ont fini par donner à chacun les moyens de se repérer en ligne, mais aussi de repérer les éventuels consommateurs, ce que Wanamaker ne savait pas faire avec sa publicité. Le moteur de recherche des contenus s'est doublé d'un moteur de recherche des clients.

L'histoire de Google a été racontée jusqu'à la satiété. On sait que lorsqu'ils installent leur société à Menlo Park, en septembre 1998, avec l'aide de Sun Microsystems, Larry Page et Sergey Brin croient que leur moteur de recherche est intrinsèquement gratuit : il ne demande pas à l'utilisateur un paiement et il fait accéder à une information qui, elle aussi, ne requiert aucun paiement. Mais l'utopie généreuse a tourné court. Depuis que ce moteur de recherche fonctionne, le réseau n'est pas, n'est plus, le lieu de la gratuité. Il n'y a pas échange sans contrepartie. Le paiement s'effectue dans une monnaie invisible à la valeur bien réelle. Officiellement, Google est devenu un véritable acteur de la publicité en créant, en 2000, AdWords, un affichage payant de liens qui apparaît sur la page de résultat des requêtes faites par les internautes. En réalité, le paiement a débuté avec la première requête du premier internaute. Le tarif correspond à un troc : *service for data*, un service contre des données. Le moteur aide l'utilisateur, sans que celui-ci ait à effectuer une transaction financière, en échange de la prise de connaissance de ses données, parfois limitées à la demande elle-même.

Avec l'extension de ses services, son offre d'outils

multiples et l'ouverture de son champ d'activité, Google a étendu cette collecte. Tout passe au filtre de sa capture de données : le courrier, les documents, les photos, les notations et les photos placées sur les cartes, les caractères peu lisibles pris dans des vieux livres que nous recopions afin de nous identifier dans les « captchas », les requêtes formulées sur le moteur de recherche et les choix faits ensuite parmi les liens proposés sur la page de résultat. Ces données enrichissent Google deux fois. Une première fois, en identifiant nos intérêts comme consommateur. Puis une seconde fois, en rendant les services de Google plus performants grâce à la connaissance intime de ses utilisateurs. C'est vraiment « service contre données ». Offrir plus de données, c'est recevoir un meilleur service.

Quand nous recherchons, quand nous partageons, quand nous hébergeons sur un site pour mettre à disposition, nous payons. En échange de la recherche, du partage ou de la copie, nous laissons un peu de nous-mêmes : des renseignements sur notre identité, nos goûts, notre mode de vie, nos liens. De l'éphémère souvent, du plus durable parfois. Cela semble sans valeur. Élevés dans l'univers économique traditionnel de la valeur travail, nous ne percevons pas que nous transmettons ainsi une part de notre capital. Cette part, ce sont nos données, personnelles et comportementales, qui deviennent des « métadonnées », de l'information sur l'information qui nourrit une connaissance à très haute valeur des comportements individuels.

Comme Google, quelques géants peu nombreux

ont entrepris d'édifier des empires de données. Moteurs de recherche, réseaux sociaux, plates-formes marchandes ou de constructeurs de produits et de services numériques en ligne, ils savent qui nous sommes (identité), qui sont nos proches et amis (relations), ce que nous achetons et les musiques ou les vidéos qui nous retiennent (goûts), et le contexte de ces données, à quel moment nous les activons (temps), et, grâce aux systèmes de localisation, en quel endroit (espace). Dès lors, produits et services nous sont proposés et commercialisés dans un contexte parfaitement maîtrisé. Qu'il s'agisse de répondre à une requête sur un moteur de recherche ou d'afficher une offre commerciale, le détenteur des données est armé pour agir de façon imparable face à l'internaute. Et le négoce est sûr : l'internaute paye fidèlement en données à chaque connexion. Il peut être de passage, ses données, elles, resteront. À l'été 2011, match.com, plus grande plate-forme de rencontres du monde avec 1,8 million d'internautes inscrits, s'appuyait sur les informations fournies par les 75 millions de personnes qui avaient déjà utilisé ce service pour affiner l'algorithme destiné à mieux harmoniser les couples potentiels.

Une des premières lois de l'économie, formulée par le financier anglais Thomas Gresham, au XVIe siècle, stipule que « la mauvaise monnaie chasse la bonne ». Autrement dit, lorsque deux monnaies sont en circulation simultanément dans une économie, celle qui a le plus de valeur est celle que l'on garde, en payant de préférence avec l'autre. Larry

Page et Sergey Brin ont illustré la validité de la loi dans l'univers numérique : dès la création de leur moteur de recherche, ils ont pris et thésaurisé les données des internautes qu'ils ont payés en retour avec une menue monnaie de liens. La transaction n'est pas léonine car il s'agit d'un vrai service fourni contre des données, mais le capitalisme numérique naissant a découvert là sa façon d'accumuler la richesse : les données sont la monnaie de l'espace numérique, leur accumulation dans une base de données en constitue désormais le capital.

Les nouveaux empires

Les géants de l'accumulation numérique sont peu nombreux et tous sont installés au bout de la connexion de l'internaute. Ils proposent des outils ou des applications qui ont d'abord paru utiles puis rapidement indispensables avant de devenir les usages quotidiens de la condition numérique. Ces géants maîtrisent la recherche dans un univers d'obésité informationnelle et la relation dans un monde de solitude face à un écran. Ils ont rendu possible le partage de copies numériques ou la mise à disposition d'outils et plates-formes qui permettent le divertissement permanent. Leur nombre est si restreint qu'on les résume parfois dans l'acronyme GAFA désignant quatre d'entre eux : Google, Apple, Facebook, Amazon.

Il suffit d'ajouter une dizaine de noms tout au plus à ce quatuor pour que l'essentiel soit dit. Jamais dans l’histoire du capitalisme aussi peu d’acteurs n’ont grandi aussi vite pour dominer un secteur au niveau mondial en si peu de temps. Le caractère global et décentralisé du réseau et la standardisation des usages connectés leur ont permis une accumulation de capital immatériel (les données) à un rythme effréné. Mais la valeur en Bourse de ces entreprises n’est qu’un reflet de cette accumulation. Ces entreprises répugnent à se décrire en termes économiques ou financiers. Lorsque Steve Jobs, créateur d’Apple, expose sa vision au seuil du nouveau millénaire, en janvier 2001, il ne vante pas son ordinateur Mac mais dit plutôt : « Le Mac peut devenir la plate-forme numérique de notre mode de vie numérique naissant. » GAFA et consorts ne se voient pas comme des fournisseurs de logiciels, de contenus et d’interfaces, ou comme des créateurs d’outils. Ils s’affichent plutôt en créateurs de civilisation, attachés à bâtir l’environnement de leurs utilisateurs. Leur but est de cheminer à chaque instant avec l’humanité toute entière, au-delà de l’utilisation ponctuelle de la connexion.

L’outil numérique fourni par ces géants n’est pas un artefact utilitaire mais une solution totale pour aider l’utilisateur à se définir lui-même, tel qu’il vit, dans sa condition numérique. L’outil ne lâche pas celui qui le détient, il se met en relation avec ses autres outils, il se « synchronise » avec eux, il en « récupère » les données pour créer le contexte permanent qui, peu à peu, configure de façon cohérente la réalité socioculturelle de l’utilisateur connecté. Ce dernier devient ainsi – pour sa satisfaction le plus souvent – un humain Apple, ou un humain Android (du nom de la technologie diffusée par Google), ou un humain Facebook, donc un internaute d'autant mieux traité qu'il est intimement connu d'un fournisseur qui détient ses données et sait les analyser.

L'accumulation du capital sous forme de données numériques apportées par l'internaute est un processus si récent que les références manquent pour l'analyser. Au plus peut-on faire un parallèle avec les trois étages superposés de la thèse souvent discutée sur la « dynamique du capitalisme » de l'historien Fernand Braudel. Pour lui, il existe « la vie matérielle », celle de la consommation, de la vie domestique, puis plus haut « la vie économique », où se situe le marché traditionnel, « le monde de la transparence et de la régularité où chacun peut savoir à l'avance, instruit par l'expérience commune, comment se dérouleront les processus de l'échange ». L'étage qui se situe encore plus haut est pour Fernand Braudel celui du « capitalisme ». Là, le consommateur est coupé d'un contact sans intermédiaire avec le producteur ou le petit négociant et il voit apparaître « … aux mains d'acteurs brillants, une puissante superstructure des échanges. C'est l'étage des rouages majeurs, de la grande économie, forcément du capitalisme ».

L'économie numérique semble ainsi superposer, de bas en haut, l'univers des internautes qui agissent et consomment, puis le réseau où ils font circuler leurs données et acquièrent des biens et des services dans un système d'interface que chacun comprend.

Enfin, tout en haut, se situe l'étage opaque où les géants d'Internet qui détiennent les données, les analysent, et partant connaissent l'état du marché, prennent des décisions qui leur sont favorables. Pour Fernand Braudel, l'émergence du capitalisme au XVe siècle tient moins à une activité particulière ou à la nature des échanges, qu'à l'apparition d'un détenteur de l'information capable de réguler à son profit la relation entre la consommation quotidienne et le marché. Aujourd'hui nous dirions : entre la vie numérique et le réseau.

Cette approche, précise l'historien, ne s'applique qu'à ce qu'il appelle « l'économie-monde » : l'économie d'une partie du monde qui constitue un ensemble économique. Aux temps du capitalisme naissant, cela se trouvait dans des ligues de villes marchandes ou dans des portions d'Europe revues en fonction des circonstances. Aujourd'hui, cette économie-monde, vue depuis GAFA, c'est le réseau appréhendé dans un sens très large : Internet à travers les adresses de toutes ses pages, mais aussi tous les supports qui peuvent se connecter, tous les contenus qui peuvent circuler en ligne et, pour faire bonne mesure, tous les systèmes d'échanges entre les internautes.

Tout ce qui passe par une connexion, de façon directe ou indirecte, appartient au champ où se déroule la compétition économique du numérique. Chaque géant est parti d'une spécialité initiale, par exemple la production de supports (Apple), la recherche (Google), le commerce en ligne (Amazon) ou les réseaux sociaux (Facebook), avant de concurrencer, par la logique même du réseau, quiconque capture des données en ligne. C'est une lutte brutale, définitive, car elle ne porte pas sur la récolte des données mais sur le contrôle de l'accès au réseau. Dans un monde globalisé, c'est la lutte ultime, la lutte pour le pouvoir à l'état pur. « Nous sommes accoutumés à penser au pouvoir comme à quelque chose que les États, les entreprises ou les individus possèdent et qui leur permet de réaliser leur volonté. Une autre forme de pouvoir est en jeu dans la globalisation, remarque David Singh Grewal, professeur de droit à l'université Yale. Un monde globalisé met en jeu des "réseaux" qui structurent notre comportement en exigeant que nous utilisions des standards particuliers. »

Pour ce spécialiste du « pouvoir des réseaux », selon le titre de son ouvrage le plus cité, il est possible de parler d'un « empire informel » dès lors qu'un standard, par exemple le système technologique d'Apple ou celui d'Android, parvient à créer une alternative : le refuser et se trouver exclu d'une forme de coordination sociale ou l'utiliser de son plein gré et se trouver « pris au piège » des limites et des exigences de ce même standard. « Le mot même d'empire, rappelle-t-il, vient du latin *imperium* qui était utilisé pour décrire le mélange de conquête territoriale, de domination commerciale informelle, et d'hégémonie culturelle caractérisant Rome dans la première phase de son expansion en Méditerranée. »

Il y a quelque chose de la Rome naissante dans la façon qu'ont les géants du réseau d'imposer leur standard avec des solutions complètes et compactes englobant tout depuis la machine que l'on tient en main jusqu'aux magasins en ligne d'applications et de contenus. Ils cèdent à la tentation monopolistique des empires économiques, en tentant d'enfermer les internautes dans leur système face à d'autres systèmes, les uns et les autres ne sachant pas communiquer entre eux. Ce contexte est d'autant plus prégnant que notre vie biologique, disons nos misérables capacités d'attention et nos heures de veille limitées sont relayées par des outils infatigables qui se connectent entre eux sans toujours avoir besoin de notre initiative car ils « savent » des choses sur nous et nos usages. Ces machines, bien sûr, fonctionnent dans l'univers technique qui les a conçues et ne tentent pas de s'en libérer. L'empire est fidèlement servi.

La légende de l'ingénieur de génie créant un outil numérique révolutionnaire dans son garage avant de devenir riche et adulé des internautes devient de plus en plus un mythe masquant un capitalisme numérique restreint à une poignée d'acteurs impitoyables. Leur capacité à fédérer des centaines de millions d'internautes les pousse vers le rêve hégémonique : enfermer ces internautes dans une partie du réseau verrouillé par le standard de la machine ou du programme qu'ils utilisent. A priori, sur Internet, système conçu pour être ouvert, une telle démarche paraît vaine, mais une donnée modifie tout : les géants du numérique ne sont pas seulement les plus riches, ils sont aussi, pour le moment, les plus ingénieux. Ils agissent dans un univers où ils ont été les premiers à comprendre que tout a changé. Souvent même, ils demeurent esseulés dans leur connaissance face à des concurrents qui croient encore à des lois économiques devenues périmées.

Les nouvelles lois

Les poncifs abondent pour décrire les effets induits par l'apparition du numérique. Qu'il s'agisse des bouleversements survenus dans l'industrie musicale, les agences de voyage, la presse, l'édition, la photo argentique ou le marché immobilier, les mêmes termes reviennent :

Migration : le client passe des produits analogiques aux produits numériques.

Dématérialisation : les produits physiques deviennent des produits virtuels.

Désintermédiation : le client traite directement avec le producteur ou le grossiste.

Personnalisation : l'offre unique pour tous s'efface au profit du choix individuel.

Désindustrialisation : la production industrielle cède sa place à la copie numérique qui ne coûte rien à produire.

Rien n'est injustifié dans ces concepts qui visent à expliquer comment le réseau chahute la production, la distribution, la nature des produits et des services. Mais tous participent d'une approche qui se limite au monde visible des échanges et de leurs contreparties. Au plus profond, le ressort même de l'économie a changé. Les mots ne peuvent plus être utilisés à l'identique. Au point que quatre lois valides dans l'univers numérique semblent toutes cultiver le paradoxe.

1. Les clients sont les produits

Une généralisation, forcément fausse, serait d'avancer qu'avec le numérique tout s'inverse. Mais une piste très sûre réside dans la question posée au détour de la narration de *Finnegan's Wake* par James Joyce : « Ses producteurs, ça ne serait pas ses consommateurs ? » En apportant ses données, donc en produisant ce qui fait la matière première de l'économie numérique, l'internaute ne peut occuper la seule position du client. Il est même tout autre chose. « Nous ne sommes pas les clients de Google, nous sommes ses produits, affirme Siva Vaidhyanathan, qui enseigne à l'université Berkeley. Nous – c'est-à-dire, nos penchants, nos fétiches, nos prédilections et nos préférences – sommes ce que Google vend à ses annonceurs. Quand nous utilisons Google pour trouver des choses sur le Web, Google utilise nos requêtes de recherche pour trouver des choses sur nous. »

Une connexion est bidirectionnelle. L'internaute reçoit mais il émet aussi, en général vers un site qui dispose de la puissance de stockage et d'analyse de ses données, ce qui contribue à la préparation des produits. Cette situation se lit clairement dans les activités consistant à mettre des personnes en rapport. Le marché de l'emploi, tel que l'a connu la presse, consistait à publier des offres dont les lecteurs en quête de travail prenaient connaissance ; sur le réseau, ce même métier est devenu la gestion d'une bibliothèque de CV apportés par les demandeurs d'emploi et transformés en produits proposés aux entreprises qui veulent embaucher. Pour ces produits, le service est gratuit, pour autant que la gratuité existe dans le monde numérique.

2. La gratuité est réglée d'avance

Dans le procès récurrent fait à Internet pour la gratuité de ses offres, le plus stupéfiant reste l'ampleur de l'erreur ainsi énoncée. S'il est un univers où il faut payer et même payer d'emblée, c'est bien celui-là. Avant même de se saisir de son larcin, le pirate le plus invétéré, rompu à télécharger musiques et vidéos sans payer, a déjà réglé trois paiements :

– Il a payé le fournisseur d'accès à Internet afin de disposer d'une connexion ;

– Il a payé le fournisseur de la machine qu'il utilise ;

– Il a payé enfin l'éditeur des sites ou des applications qu'il visite en fournissant des données sur lui-même et son comportement.

La gratuité apparente de l'univers numérique masque en fait des dépenses d'une importance sans précédent pour communiquer et se divertir. Toutes les études sur les dépenses des ménages convergent sur ce point : l'apparition de la téléphonie, le renouvellement constant des outils numériques font passer de l'achat à l'acte forcément précaire (un journal au kiosque, une place au cinéma) à une dépense d'investissement (un ordinateur, une tablette) ou à un paiement récurrent (abonnement d'accès à un réseau).

En passant de l'analogique au numérique, les dépenses se multiplient pour les consommateurs, comme l'a démontré l'économiste Robert Picard ; l'allocation des sommes est bouleversée et les producteurs et éditeurs se plaignent ne plus trouver leur juste part, celle qui correspondrait à la valeur de leurs contenus.

3. La valeur réside dans l'expérience

Le rôle du marché dans la formation des prix est un passage obligé de tous les cours d'économie. Le professeur fait se croiser les courbes de l'offre et de la demande afin d'expliquer comment le prix se détermine à leur intersection. La méthode n'est pas moins valide dans l'univers numérique, à un détail près : le prix existe souvent sans que l'on sache quel est l'objet de la transaction, ou plutôt, pour parler comme les économistes, sans que l'on sache quel est le « bien » mis en jeu. Les industries de contenus en portent le témoignage le plus vif avec une difficulté chronique à fixer le prix d'un bien culturel, comme un livre ou un film, ou bien de l'information.

Avant l'émergence de la concurrence numérique, ce bien avait un prix que l'on imaginait lié à son contenu. On mesure aujourd'hui qu'il reflétait la maîtrise d'un outil de diffusion d'une extrême rareté : rotative, presse, fréquence d'ondes, salle de cinéma, canal commercial de vente de disques, etc. La rareté est désormais ailleurs, dans un lieu et un moment spécifique pour chaque internaute : son expérience.

Le contenu que les éditeurs et producteurs pensaient faire payer n'est qu'un élément dans le triangle de l'expérience dont les trois sommets sont connus :

– *le support* : écran unique, second écran, ordinateur, tablette, smartphone, liseuse, télévision connectée, box multiplay, etc. ;
– *l'interface de comportement* : activité sur un réseau social, requête sur un moteur de recherche, visite d'un site, réception d'un message ou d'un courriel, etc. ;
– enfin, *le contenu* lui-même dont le choix intervient le plus souvent après ceux du support et de l'interface.

L'éditeur qui lance à son public « retrouvez-nous sur tous les supports » fait le pari qu'un contenu est apprécié indépendamment du contexte et du support. La proposition est audacieuse comme a pu le vérifier à ses dépens l'industrie musicale où le contexte et l'interface de comportement n'ont cessé de varier sans que le contenu, jamais, n'ait été différent. Du marchand de CD proposant des objets qui peuvent prendre la poussière sur une étagère au service de streaming en ligne qui se contente de diffuser un flux sonore, en direct, sur tout support, le numérique a réalisé le saut total de l'expérience d'un stock à l'expérience d'un flux. Et l'internaute a appris un comportement neuf où l'achat va sans l'appropriation.

4. Acheter n'implique pas de posséder

Un mot change et tout est différent. Passer de « conditions générales de vente » à « conditions générales d'utilisation » sur un site n'est pas une modification sémantique mais un saut dans un monde neuf où la propriété, au sens ancien de la possession, n'existe plus. Dans l'espace numérique, l'achat contre numéraire ne s'accompagne pas nécessairement d'une appropriation. C'est une opération qui rentre au contraire dans la camisole précise des DRM (*digital rights management*), un ensemble de données régissant la durée de vie, l'usage, les possibilités de reproduction d'un objet numérique.

Sur le fond, acheter un contenu dans l'univers numérique s'apparente à acquérir une maison sans posséder le terrain où elle est bâtie mais en ayant une garantie d'entretien du bâtiment. Changer une machine ou oublier de régler un abonnement peut suffire à rendre cette propriété inopérante voire à la supprimer irréversiblement. Et pourtant, s'il s'agit d'un logiciel ou du système d'exploitation d'un ordinateur ou d'un téléphone, la mise à jour est inclue dans le prix. Cela donne la sensation contradictoire d'être un acheteur toléré et pourtant bien traité, à la façon de l'internaute qui se voit partout affiché sur sa page d'un réseau social et qui ne la possède pas pour autant – au sens où la gravure accrochée au mur de son logement lui appartient.

Droit d'accès, droit d'usage, mise à disposition sont des termes couramment utilisés pour désigner le statut de ce bien qu'un internaute acquiert sans pouvoir pourtant le prêter à un ami, ni être certain d'en disposer durablement, ni bien sûr le transmettre à ses héritiers.

Une dernière loi s'ajoute à ce quatuor. Elle s'énonce comme un déni de justice ou une atteinte au droit légitime à profiter des fruits de son travail, mais sur le réseau, c'est ainsi : *produire n'est pas détenir*. L'internaute qui produit des données n'a pas de légitimité à les posséder. Son inscription sur nombre de réseaux sociaux inclut souvent son renoncement à la propriété. Pire, s'il détenait ses données, il ne saurait les traiter et les analyser avec l'efficacité des géants du réseau qui les lui prennent avec son consentement tacite. Il s'agit d'un paradoxe ultime dû à la nature de ce qui circule sur le réseau : les données et l'information ont des valeurs que l'on ne saurait comparer.

Les données et les biens

Longtemps, le terme d'« économie de l'information » a paru prometteur pour la presse dont le métier était de produire de l'information. Le capitalisme numérique naissant, fondé sur l'exploitation des données, y voit un malentendu : aujourd'hui, la presse et les médias d'information ne sont pas inclus dans l'économie de l'information. Ils sont dépassés, rejetés au rang de « *legacy media* », de médias historiques selon le terme américain. Les mots ont leur importance : l'information nourrie par l'actualité, les *news*, ce n'est pas l'information accumulée grâce à l'activité des utilisateurs connectés, la *data*. Cela n'a rien à voir, même si l'intérêt de l'utilisateur pour telle ou telle *news* d'actualité est un contexte qui peut améliorer la *data* qui le décrit.

Bien sûr, la presse et les entreprises du numérique ne mènent pas des vies séparées : les médias interagissent avec les services et les outils des géants de l'économie numérique. Leurs journalistes effectuent des tâches, cherchent, enquêtent, trient, vérifient en étant connectés au réseau. En agissant ainsi, ils transforment les données trouvées en ligne en informations : « *turn data into news* » dans la sémantique des géants d'Internet. Parallèlement, l'ère des mass médias, qui livraient le même message industriellement fabriqué pour une multitude, s'efface au profit du savoir-faire requis de tout média du XXIe siècle : devenir un média de précision qui connaisse son utilisateur, le contexte de ses visites, et qui transforme l'information en données : « *turn news into data* ». Malgré cette double transmutation les deux univers, celui du *news* et celui de la *data*, restent distincts, avec des tailles sans commune mesure. La presse fait des *news* servies partout y compris sur le réseau. Le réseau, lui, devient une pure industrie de la *data*, une industrie de géants.

Aucune entreprise du monde réel, quel que soit son domaine d'activité, ne peut rêver de concurrencer les géants du numérique sur le réseau. Ils sont partis avant tout les autres. Ils ont accumulé des données sur tous les internautes et ils sont des carrefours du trafic de chaque jour. Avec leurs moteurs, leurs réseaux sociaux, leurs magasins en ligne, leurs services connectés, ils génèrent une activité qu'ils font revenir vers leurs partenaires ou leurs fournisseurs : ils leurs permettent de diffuser davantage de pages dont la valeur unitaire baisse au fur et à mesure que leur nombre s'accroît. Ils gardent pour eux ce dont la valeur augmente au fur et à mesure que leur quantité augmente : les données dont l'exploitation est plus productive encore lorsque l'on peut croiser leur contenu. Seule la livraison par l'utilisateur de ses données personnelles est une activité éphémère. Le cumul des données, travaillées par les algorithmes, se poursuit ensuite. L'éternité numérique en sait plus sur chacun d'entre nous que notre présent conscient. La vision prophétique de Marshall McLuhan annonçant la création d'un système nerveux étendu « dans une étreinte globale qui abolit l'espace et le temps » se construit pour de bon dans les fermes de serveurs que les géants du réseau ont réparties à travers le monde.

C'est en 2001 que l'analyste Doug Laney a pour la première fois identifié ce nouveau système économique, par l'ajout d'une simple majuscule :

« *Big data* », que l'on traduit souvent par « Données massives ». Le Big data caractérise les données accumulées grâce aux 3V : volume, vitesse et variété. On peut comprendre l'ajout aux « 3V » de ce « S » final comme la capacité nécessaire d'extraire du « sens » des données rassemblées. 3V, 1S : voila la formule appliquée par les géants du réseau, GAFA et consorts. Ce sont des industriels de la donnée. Ils font tourner des industries. Leur activité est impossible sans la maîtrise de trois ressources :

1. un apport de matière première : une plateforme en ligne de services ou de produits utilisée fréquemment par une multitude d'internautes fidèles qui livrent leurs données à chacune de leurs visites ;
2. une capacité de traitement : des équipes de mathématiciens et de développeurs capables de filtrer et d'analyser les données pour trouver des algorithmes à même de « modéliser » les comportements des internautes pris en masse et de chaque internaute en particulier ;
3. des solutions de gestion du trafic : des machines puissantes, réunies dans une architecture très particulière pour suivre les changements de dimension, la « scalabilité », des flux de trafic imposés par le service.

L'activité de ces géants du réseau est colossale : des centaines de millions d'utilisateurs, des milliards de visites. Ces chiffres les invitent de façon naturelle à une extension sans limites. Ils sont les gestionnaires de l'accumulation, ils deviennent les acteurs de l'appropriation en décidant que l'intelligence extraite des données fournies gratuitement par les internautes leur appartient. Ce statut des données accumulées et de l'analyse que l'on en tire est la colonne vertébrale du système politique et économique régissant l'espace numérique. Il n'existe pas de révolution industrielle ou d'émancipation d'une législation économique contraignante sans réappropriation. Alors qu'il participait à un débat à Abu Dhabi, en 2010, le président exécutif de Google, Eric Schmidt, interpellé par un participant angoissé de savoir « toutes ses données personnelles » détenues par son entreprise, répondit qu'une société privée était préférable à un gouvernement. La validité du propos n'est pas forcément acquise : Barack Obama a envisagé, durant son premier mandat de président, la rédaction d'une loi (*Bill of Rights*) des droits numériques. L'avancée technologique et économique de GAFA et consorts laisse pendant un débat politique qui demeure possible.

Pour le moment, tous les géants se sont organisés pour faire des données des *biens privés*, qu'ils ont le droit d'exploiter commercialement et scientifiquement, quitte à donner la possibilité à l'utilisateur qui les a produites de les soustraire à son exploitation quand il le souhaite. C'est la proposition parfois faite aux internautes de « poursuivre sa visite en anonyme » ou bien d'« effacer l'historique de ses visites ». Dès lors, rien dans ce qui s'affiche sur l'écran ne laisse croire que l'entreprise détient encore les données, ce qui ne veut pas dire qu'elles aient disparu de ses serveurs.

La transformation des données en *bien public* est une hypothèse qui demeure politiquement envisageable mais difficile à mettre en œuvre. Elle promeut l'idée d'une utilisation contre redevance, mais suppose un contrôle par un organisme représentant l'intérêt général : organisation internationale, État, fondation, association, etc. La diversité des solutions traduit la difficulté de cette proposition aux conséquences économiques radicales.

Une autre solution serait de faire des données un *bien commun*. On rejoint là les travaux du prix Nobel d'économie Elinor Ostrom qui propose des « arrangements institutionnels » pour que des organismes collectifs gèrent ensemble et de façon optimale des écosystèmes. Une expression fructueuse de cette solution se trouve dans les *creative commons*, un système de droits d'auteur créé par un professeur de droit, Lawrence Lessig, et utilisé sur le réseau afin de préciser l'utilisation de chaque contenu : libre, avec mention de l'auteur, avec interdiction à l'usage commercial, avec autorisation préalable, etc.

Sans surprise, on découvre que dans l'univers numérique, la législation n'a pu suivre le train d'enfer imposé par les géants du réseau. Le cadre légal du capitalisme numérique est un état de fait que légitime à chaque seconde l'activité des internautes. Réguler le réseau de façon différente, après plusieurs décennies de vie numérique, revient à se mêler de l'activité de milliards d'internautes qui ont choisi par eux-mêmes la façon d'utiliser leur connexion. Mais selon que les données resteront un *bien privé* ou deviendront *bien commun* ou *bien public*, la nature du capitalisme numérique sera changée : il sera hypercapitalisme, capitalisme régulé ou économie du partage.

8

L'ANCIEN RÉGIME ET LA RÉVOLUTION

Le pouvoir et le réseau

Dans le parallèle souvent évoqué entre l'invention de l'imprimerie et la diffusion du réseau Internet, idée si séduisante que certains voient la mort de la première dans l'irruption du second, un atout manque à l'épisode numérique : l'impact durable sur la pensée et la vie publique. Les historiens s'accordent à relever que les thèses de la réforme luthérienne n'auraient pu défier le catholicisme sans circuler grâce aux livres et que, de même, le nationalisme s'est diffusé en Europe par le journal imprimé. Rien d'aussi décisif ne se produit avec le réseau.

Les exemples abondent de responsables politiques et plus encore de candidats à une élection qui diffusent leurs messages sur les médias numériques. Aucun exercice d'une fonction élective nationale ne s'exerce désormais sans qu'un site y soit associé. Des médias numériques exclusivement consacrés à la politique, comme politico.com aux États-Unis, relèvent d'une ambition de presse devenue banale. Le « Printemps arabe » et la révolte avortée contre l'Iran des mollahs à l'aube de la deuxième décennie du XXIe siècle ont même créé le concept de « révolution Twitter », le renversement d'un régime bousculé par des messages instantanés. Malgré tout, la marche des idées et le jeu du pouvoir ne trouvent pas un relais assuré dans le réseau. La politique se sert du numérique mais le numérique ne sait s'arroger de façon continue une part du champ politique.

En considérant les origines de la Révolution française, l'historien Alexis de Tocqueville relève le cas, absolument inverse, des livres rédigés par les écrivains du XVIIIe siècle dont la vision philosophique a littéralement envahi l'action politique. « Toute la nation, en les lisant, note-t-il, finit par contracter les instincts, le tour d'esprit, les goûts et jusqu'aux travers naturels à ceux qui écrivent ; de telle sorte que, quand elle eut enfin à agir, elle transporta dans la politique toutes les habitudes de la littérature. » Rien d'essentiel ne se transporte ainsi depuis Internet vers l'univers politique. Et pourtant le réseau draine, dans tous les pays, des foules qui dépassent les audiences les plus fortes, celles que l'on trouve autour d'une rencontre sportive ou d'un programme de télévision. On touche là au caractère spécifique d'un espace social où des visiteurs sont « présents » au même moment, échangent entre eux avec une furieuse intensité et pour autant ne forment pas un unique public, même dans les soirées d'élections où Internet affiche un trafic d'une ampleur effarante.

Un groupe d'internautes ne constitue pas et ne

reflète pas non plus, ni de près ni de loin, une nation au sens que la politique prête à ce terme. Pour proposer sa définition de la nation, l'historien Ernest Renan avait usé d'une phrase que l'on répète encore dans le monde entier : « L'existence d'une nation est (pardonnez-moi cette métaphore) un plébiscite de tous les jours, comme l'existence de l'individu est une affirmation perpétuelle de vie. » Son affirmation se lit d'une tout autre manière sur un réseau où le plébiscite n'est pas une métaphore mais l'interactivité d'une audience qui, à chaque instant, se prononce sur tout, qu'il s'agisse d'une question politique majeure ou de l'épisode le plus frivole de la vie d'une célébrité. Ernest Renan voulait que les membres d'une nation réaffirment chaque jour leur désir d'avoir un destin commun ; les internautes, eux, témoignent à chaque seconde de leur activité dans une effervescence faite d'échanges de messages de personne à personne et de visites de pages ouvertes à tous.

Les dispositifs de suivi de l'audience permettent aux responsables d'un site de savoir en temps réel que des centaines, des milliers voire des dizaines de milliers d'internautes ont une même page ouverte simultanément sur leurs écrans. Il est inévitable alors, pour ceux qui se trouvent dans cette position d'éditeur d'un média numérique, de s'interroger sur le lien unissant ces visiteurs. Quelques-uns s'expriment et parfois s'interpellent dans l'espace des commentaires ; tous sont les sujets d'une dynamique qui les mène, par une décision personnelle, par l'action d'un moteur de recherche ou par le partage d'un lien sur un réseau social, à voir une copie identique d'un contenu unique avant qu'au prochain clic sur leur souris ou au tap sur leur écran tactile, ils se séparent sans savoir qu'ils se sont rencontrés.

Du point de vue médiatique, une différence radicale sépare Internet du journal imprimé, de la radio ou de la télévision : le narrateur unique, celui qui propose le « roman national » dans le journal parlé ou télévisé ou encore dans l'éditorial imprimé, n'existe pas sur le réseau. Il y a une foule de narrateurs visibles ou invisibles, et du coup une absence de narrateur visible, une absence de récit unique. Il en découle une multiplicité durable. Chacun adhère à un récit, y compris les paranoïaques et les illuminés disposés à préférer le complot factice à la narration maîtrisée. L'action des algorithmes, l'influence des réseaux sociaux et le poids propre aux grands sites dominent toujours mais l'univers numérique reste ouvert à tous les récits.

Cette nature du réseau qui permet à chacun de croire à sa vision sans affronter la colonne vertébrale du récit unique modifie la perception de la vie publique. L'univers numérique ne forme pas ce que le sociologue Maurice Halbwachs appelle, selon sa formule devenue classique, une « mémoire collective ». Autant que le désir de vivre ensemble, les membres d'une nation doivent avoir la conviction d'avancer sur une trajectoire commune de l'Histoire, au besoin en ajustant leur récit. « La société, suivant les circonstances, et suivant les temps, se représente de diverses manières le passé, écrit Maurice

Halbwachs : elle modifie ses conventions. Comme chacun de ses membres se plie à ces conventions, il infléchit ses souvenirs dans le sens même où évolue la mémoire collective. »

Le réseau ne produit pas et ne révise pas une mémoire collective pour l'ensemble des internautes. Il n'agit qu'à une échelle plus resserrée que l'idée d'une nation, en permettant à un groupe de partager ce qui le rassemble autour d'un genre, d'une appartenance ethnique, d'une orientation sexuelle, d'une classe d'âge ou d'une classe sociale, d'une croyance religieuse, d'une famille, d'un clan, d'une occupation, d'un groupe d'amis, etc. Peu de temps après sa création, la plate-forme YouTube.com, où les internautes peuvent héberger et partager leurs vidéos, a reçu des montages d'images d'opérations militaires réalisés par les soldats américains intervenant en Irak. Par-delà le ton inspiré des jeux vidéo en ligne, on ne pouvait que remarquer la volonté d'un groupe de bâtir son mémorial d'une guerre plutôt que d'investir le champ numérique afin de demander au pouvoir politique la construction d'un monument.

La dynamique sociale du réseau permet de se trouver ensemble, mais à l'écart, dans un groupe, sans capacité d'agir sur la population connectée en tant que telle, sans même la possibilité de se définir par rapport à elle. Au sein des internautes, on ne trouve pas l'intellectuel exilé, le dissident, le penseur marginal, figures classiques de la pensée et de l'action politique dans les cultures occidentales du XXe siècle. Quel exil, quelle dissidence, quelle marginalité peuvent s'afficher comme une définition personnelle si le réseau est le même pour tous ? Du strict point de vue technologique, il n'y a que deux statuts en ligne : internaute et administrateur. Le statut de celui qui utilise un site ou un réseau social et le statut de celui qui est au service de la plate-forme hébergeant ce site ou ce réseau social. Un froid constat s'impose : l'univers numérique est un monde social sans friction, où l'on se croise sans se voir ni se toucher, sans partager de mémoire collective ni écouter un narrateur unique. Une vie publique en haut débit mais dispersée sur un réseau immense.

L'agora numérique

Derrière la connexion, la vie publique est d'une nature si neuve qu'elle peine pour trouver son articulation avec le monde réel. Elle en est pourtant une représentation performante, adaptée à la fluidité extrême des sociétés. Comme le relève le sociologue Zygmunt Bauman, « la société est de plus en plus appréhendée et traitée comme un "réseau" plutôt que comme une structure (et encore moins comme un "tout" compact) : elle est perçue comme une matrice de connexions et de déconnexions réalisées de façon aléatoire et surtout comme un nombre infini de permutations possibles ».

En théorie, Internet devrait donc être un lieu parfait de débats, ouverts à tous, menant vers tous et assumant le rôle de l'agora, ce lieu public des échanges, inventé dans la démocratie de la Grèce antique, et destiné à débattre des décisions que doit prendre le pouvoir politique. La pratique ne s'aligne pas sur cette vision. Malgré les initiatives prises ici ou là, au Royaume-Uni pour faire du réseau un lieu de partage de l'information détenue par les pouvoirs publics, aux États-Unis pour permettre à tout groupe de recommander une action au pouvoir politique, le réseau reste le réseau, un dispositif qui fonctionne à la périphérie d'une vie politique pour l'essentiel identique à ce qu'elle était avant l'accélération des temps numériques.

La première difficulté est là : l'accélération. Internet va trop vite, va même de plus en plus vite en regard de l'organisation classique d'une vie démocratique. La connexion permanente, c'est l'essoufflement assuré pour un pouvoir démocratique organisé dans un rapport au temps qui lui est propre. La vie publique des démocraties se compose d'un tuilage de périodes incompressibles : le temps du débat qui implique les organisations (partis, groupes de pression, syndicats, médias traditionnels), le temps de la maturation d'une décision et de sa préparation par les pouvoirs exécutif et législatif prisonniers du calendrier annuel de sessions parlementaires, et enfin le temps de la mise en œuvre avec les ajustements dus à la lourdeur et aux limites des dispositifs confrontés à l'inertie du monde réel.

Face à ce train de sénateur, le réseau est une ruée rendue exaspérante par le rythme des remises à jour de ses contenus. À chaque instant, sur chaque point d'une décision ou d'une action, un débat paraît s'ouvrir en ligne pour discuter de la légitimité des actes de la personne ou de l'équipe dépositaire d'un mandat politique, c'est-à-dire d'une délégation donnée pour un temps spécifique afin qu'elle puisse travailler. Au pouvoir, le réseau oppose sa masse, son impeccable actualisation et l'incontestable authenticité de l'expression directe des internautes. S'il sont écoutés, quand ils vont voter afin de donner un mandat au pouvoir politique, pourquoi ne pas en faire autant, à chaque instant quand ils se prononcent ?

Soyons lucides : entre le pouvoir politique et Internet, la responsabilité de cette situation est partagée. Dans tous les pays, la vie politique respire selon la stratégie utilisée par le président américain Ronald Reagan : la « campagne permanente » décrite par le journaliste Sidney Blumenthal dans un livre au titre éponyme. Elle a pour but de « transformer un gouvernement afin d'en faire un instrument conçu pour soutenir la popularité d'un élu ». Internet n'a donc rien inventé, mais sa technologie et les usages des internautes ont dicté le rythme du jeu.

En ligne, le débat politique se fait en temps réel avec une avalanche de commentaires, de tweets, de posts sur des blogs où nul responsable ne peut trouver le répit. Des outils d'analyse font la synthèse de ce qui s'exprime et des tendances. C'est le sondage numérique sans fin. Chacun peut savoir et faire savoir que le nom d'une personne ou d'un projet de loi tapé avec deux doigts sur un écran tactile fait l'objet d'une accélération ou d'une décélération dans l'activité de l'audience. La présence de chaque homme politique est mesurée et analysée dans son évolution. À la campagne permanente, le réseau répond avec une campagne permanente plus rapide encore, suivie d'un ersatz de vote, direct ou indirect. L'agora numérique ne ferme jamais et peut procéder au décompte d'un scrutin après chaque intervention

Dès 1999, donc bien avant la naissance des réseaux sociaux, un texte rédigé par un groupe d'universitaires, *The Cluetrain Manifesto*, devenu une référence mythique de l'histoire du réseau, pointait dès ses deux premières phrases l'enjeu réel du mouvement amorcé : « Une puissante conversation globale a débuté. À travers Internet, les gens découvrent ou inventent de nouvelles façons de partager une connaissance pertinente à une vitesse fulgurante ». Le temps allait être parcouru autrement, notaient-ils, mais l'espace ne serait pas plus commode à saisir selon les sept caractéristiques qu'ils pointaient dans ce nouvel univers voué à la « conversation globale » :

1. *Hyperliens* : une multitude de petits éléments qui se raccordent plus ou moins bien
2. *Décentralisation* : personne n'est en charge et donc personne n'est à remercier
3. *Disponibilité permanente* : chacun emploie son temps comme il le veut
4. *Accès ouvert et direct* : pas d'obstacle pour aller vers le reste du monde et des pages

5. *Richesse* : les pages dévoilent un contenu mais aussi la vision de ceux qui les font

6. *Défaut :* un système aussi complexe et ambitieux est toujours un petit peu cassé

7. *Sans frontières* : les liens interdisent de dire où commence et où finit le territoire de chacun

Par nature, le réseau est sans frontières. Son territoire est antinomique avec l'organisation des institutions publiques. Le droit romain, qui a laissé une marque durable sur la législation et l'organisation du pouvoir politique en Europe, est un exercice constant de relation avec un espace strictement défini. Internet ne peut s'inscrire dans une telle pratique. L'internaute est nomade face au pouvoir de l'homme politique, sédentaire par principe, et qui s'appuie sur une base électorale liée à un territoire. Cette situation floue où le réseau situe les internautes en regard du pouvoir est sur le fond ce qui génère l'irréconciliable distance entre l'univers du numérique et les pratiques classiques du jeu politique. L'univers de la connexion permanente est partout le symptôme, comme l'énonce ironiquement Zygmunt Bauman, « de la séparation et du divorce en instance d'être prononcé entre le pouvoir et la politique, un couple qui depuis l'émergence de l'Etat moderne et jusqu'à une date très récente paraissait promis à partager son domicile commun de l'Etat-nation ». Le pouvoir a quitté ce domicile pour aller vivre dans un espace incontrôlé, global, transnational, l'espace politique où prospère justement Internet. La politique, liée à un territoire, se découvre incapable d'agir à cette échelle comme le démontre l'émancipation répétée du numérique et de ceux qui y sont connectés à l'endroit des tutelles politiques.

Reste l'espace de discussion propre au réseau. Il a beau peiner à se brancher sur le rythme et le territoire des décideurs politiques, il constitue une innovation totale. Jusque-là, seul était disponible ce que le philosophe Jürgen Habermas nomme l'*Öffentlichkeit*, la sphère publique. Placée entre la sphère du foyer domestique et celle du pouvoir étatique, c'est « un espace de notre vie sociale dans lequel quelque chose qui ressemble à une opinion publique peut se former. L'accès est garanti à tous les citoyens. Une partie de la sphère publique se réalise dans chaque conversation dans laquelle des personnes privées se rassemblent pour former un corps public ». Cette sphère, née au XVIIIe siècle, entre les salons et les cafés appuyés par les premiers journaux, les clubs de lecture et les loges maçonniques, s'est trouvée menacée, selon Jürgen Habermas, par la commercialisation et l'industrialisation du secteur de la communication.

Internet a revitalisé la sphère publique comme l'avoue le philosophe : « C'est vrai qu'Internet a réactivé la base d'une sphère publique égalitaire d'écrivains et de lecteurs. Il a aussi fait contrepoids au caractère asymétique et impersonnel de l'audiovisuel en réintroduisant des éléments de discussion. » C'est le passage de la sphère publique au cybercafé.

La cohabitation

Le temps aidant, il devient patent que la capacité de mise en forme de la vie politique offerte par le numérique est diversement distribuée. Puissante, voire incontournable en période de conquête électorale, cette ressource pâlit si l'on tente de l'utiliser dans l'exercice du pouvoir. La carrière du président américain Barack Obama en est l'illustration. Son utilisation rationnelle et imaginative du réseau lui a permis de reformuler des pans entiers des techniques électorales lors de son élection à la Maison Blanche en 2008. Mais jamais, dans les quatre années suivantes, ses adversaires ou ses partisans n'ont noté que ses compétences numériques lui procuraient un avantage à la tête de l'exécutif. Et le talent était pourtant toujours bien là, comme le prouve son efficace réélection en 2012.

L'explication est simple : sur le réseau, la viralité est moins technologique – les équipes d'Obama n'ont jamais cessé de maîtriser la technique – que sociale puisqu'elle dépend de messages, de boutons « j'aime », de partages, d'envois. Cette activité est d'autant plus facile pour les internautes quand elle se concentre sur un thème unique (élire ou ne pas élire un candidat, à une date donnée) plutôt que sur l'ensemble, imbriqué et sans fin, des décisions que doit arrêter un gouvernement. Le journaliste Walter Lippmann, qui a fini par douter de la viabilité de la démocratie en étudiant passionnément la formation de l'opinion publique, faisait à la fin de la Première

Guerre mondiale des constatations proches de celles que le réseau suggère quand le buzz s'acharne sur un élu. « Nous devons abandonner, écrivait-il, l'idée selon laquelle un gouvernement démocratique peut être l'expression de la volonté du peuple. À la place nous devons accepter la théorie que… le peuple soutient ou s'oppose aux individus qui gouvernent. »

À la question, qui élire ou qui chasser du pouvoir ? tout sur Internet, qu'il s'agisse d'un acte individuel ou du fonctionnement d'un algorithme, sait donner une réponse claire à un moment donné. À l'autre question, quelle politique arrêter face à un problème ? il existe pour toute réponse une suite de contenus, de commentaires, de messages dont la lecture est d'autant plus inintelligible qu'elle ne cesse de se modifier. Un seul homme politique exprime un propos qui paraît construit sur le réseau, c'est le logiciel agrégateur de contenus, mais cette agrégation change tout le temps et chacun en prend connaissance de façon distincte dans un contexte bâti par des algorithmes en fonction de son profil personnel.

Le réseau en fait trop, il aborde trop de choses, il cite trop de points de vue, il se met trop vite à jour pour intervenir dans la vie politique de façon apaisée et aboutie. À sa façon, il est le couronnement de la thèse proposée dans les années soixante par le politologue Robert Dahl. *Qui gouverne ?* demandait le titre de son ouvrage le plus fameux. Sa réponse, tirée de l'analyse d'une communauté aux responsables démocratiquement élus, tient dans un mot : polyarchie, le gouvernement par plusieurs.

L'aboutissement de l'idéal démocratique suppose le droit pour tous de participer à la désignation des autorités et aussi le droit de participer à tous les processus de décision. Dans la prolifération de ses contenus, dans le fait que l'on peut intervenir après chaque propos et pour commenter toute décision, Internet est l'outil de la polyarchie. Un outil si riche et si vif qu'il peut tourner à la foire.

Le jeu démocratique a tout d'un jeu vidéo dans les moments d'emballement du réseau. Tweets, retweets et bataille de hashtags. Les réactions immédiates des internautes croyant relever des écarts et des excès des responsables politiques s'inscrivent dans un flux qui tient autant de l'électricité que du débat. La participation à un mouvement d'opinion est si facile – il suffit le plus souvent de taper sur un bouton – que le niveau de motivation demandé est très faible, mais l'impact reste d'une portée relative : les mouvements collectifs ne durent pas assez pour se structurer. Le réseau est un territoire propre à l'expression de la révolte, pas à la construction de la révolution.

Pour une foule, le pire mal, c'est le trop grand nombre. C'est le cas, sur le réseau où la révolution numérique mobilise trop d'internautes, trop vite pour bâtir un processus politique influent et durable face à l'ancien régime des militants et électeurs se lançant à intervalles réguliers vers les élections du monde réel. Quant à faire d'Internet le terrain d'une action politique directe, cela suppose une maîtrise technologique réservée à des minorités tels les Anonymous, ces cyber-militants auteurs d'attaques contre des sites d'entreprises ou de gouvernements. « Nous sommes les enfants de l'information, dit un de leurs manifestes. Nous sommes la nouvelle espèce. Nous n'acceptons pas la réalité que l'on nous présente. Nous sommes informés et efficaces. Nous connaissons le système mieux que ceux qui l'ont construit, parce que le système est tout ce que nous connaissons et que nous ne l'aimons pas. » Leur efficacité est indéniable mais ils restent à l'image du « système » où ils agissent : leur activité est ponctuelle, limitée au seul espace numérique.

Sur le fond, il est possible qu'aucune action politique ne puisse impliquer en ligne davantage qu'un groupe ou un fort courant rassemblé par une vision commune. Si la vie numérique s'avisait de combiner le scrutin direct du monde réel – un événement fort, mais rare et ponctuel – avec le rythme qui lui est propre, il découvrirait probablement l'impossible coexistence de propositions contradictoires. Elles constituent le paradoxe de Condorcet, une démonstration que la vie politique se garde bien, avec raison, d'affronter. En 1785, le mathématicien Nicolas de Condorcet avait en effet publié une étude sur la nature paradoxale de la décision par le vote démontrant qu'elle peut rendre impossible une décision rationnelle. Par exemple, si dans trois votes successifs, une même majorité préfère le candidat A à B, puis B à C et enfin C à A, on obtient une situation paradoxale : A est préférable à C en fonction des deux premiers votes, mais C est préférable à A en fonction du troisième vote.

Le danger démontré par Condorcet réside dans la transitivité des préférences des électeurs. S'ils se prononçaient sur tout et sur tout le monde à tout instant, il deviendrait mathématiquement impossible de combiner leurs choix. Les internautes agissent ainsi sur le réseau mais chacun le fait pour soi, dans des recommandations, des partages sur des réseaux sociaux qui n'agissent pas par leur résultat comme les scrutins dans le monde réel. S'ils devaient voter, on verrait qu'il n'y au fond qu'un thème sur lequel tous sont d'accord : c'est à eux d'agir, de façon directe, sur le réseau. Internet ne comprend que des internautes amateurs, aucun professionnel, et tous conviennent de l'inutilité de tout corps intermédiaire pour les représenter en ligne.

On touche là la contradiction fondamentale qui régit la relation entre les gouvernants et le réseau. Les internautes sont actifs dans un monde fluide, qui peut les mobiliser à tout instant et où ils n'ont jamais envisagé de donner à quiconque un mandat pour agir à leur place. À l'inverse, l'essence de la vie publique telle que nous la connaissons dans les démocraties tient à l'organisation d'une représentation permanente, à l'existence d'intermédiaires entre les pouvoirs et leurs administrés. Ce sont deux visions irréconciliables. Comme deux adversaires politiques contraints de se supporter en occupant chacun une fonction officielle, le réseau et la politique vivent sous le régime de la cohabitation.

Le quatrième pouvoir

La presse a une relation malaisée avec le numérique. Le réseau lui semble concurrencer ses supports traditionnels et affaiblir son modèle économique. Ses sources, institutions, dirigeants, personnalités, etc., s'expriment directement vers le public sans passer par le relais des journalistes. Et ses lecteurs, ses auditeurs, ses téléspectateurs sont plus infidèles que jamais, allant d'un média à l'autre dans un univers numérique où ils ne manquent pas de commenter et de critiquer l'information qu'ils consomment quand ils ne la produisent pas eux-mêmes. Cette mise en cause de la rentabilité, du statut d'intermédiaire et des produits de la presse est une situation aiguë car elle menace le point de référence dont a besoin toute vie publique. « Un bon journal, je suppose, c'est une société qui parle avec elle-même », affirme la formule d'Arthur Miller tant aimée des journalistes. Mais quel média décide de qui parle avec qui quand tout le monde se connecte sur le même réseau ?

Jules Verne, qui le premier a envisagé l'existence d'un site de presse, n'approchait pas cette évolution de façon aussi préoccupée. Dans sa nouvelle, « La journée d'un journaliste américain en 2889 », il décrit comme une réussite sans réserves un réseau universel de communication mis au service d'un organe de presse, *Earth Herald*. Le plus étonnant dans ce texte publié en 1910, c'est le délai prédit par l'auteur. Il n'a pas fallu huit siècles comme il le croyait, mais quatre-vingts ans pour qu'Internet permette de réaliser une diffusion universelle et instantanée de l'information.

Le média décrit par Jules Verne garantit à chaque membre de son audience une relation personnalisée, nous dirions aujourd'hui interactive, avec les journalistes et même avec les acteurs de l'actualité. Les communications se font par téléphone ou vidéoconférences. Les journalistes usent du « phototélégramme » pour faire circuler les images et de l'« aérocar » pour se déplacer à la vitesse de l'avion. Le journalisme d'investigation domine : « Ce n'est pas avec une plume qu'on écrit de notre temps, c'est avec un bistouri ! » affirme le patron de la rédaction.

Tout a vu le jour dans cette anticipation, à l'exception de deux points où, pour le moment, l'écrivain s'est trompé. Il y a d'abord la puissance économique et politique colossale, littéralement sans rivale, qu'il prête à cette entreprise installée dans « un palais de marbre et d'or » ; aujourd'hui, la presse est plutôt paupérisée tant la fortune des médias les mieux nantis s'écaille face à la surabondance de l'offre médiatique. Quant à la disparition de l'impression des quotidiens sur papier, dont le romancier dit qu'elle est une activité des « temps antiques », elle n'est pas non plus intervenue. Mais Jules Verne a raison sur un point essentiel : c'est dans une approche temporelle et géographique qu'il faut saisir le statut de la presse face au réseau. Ce n'est pas la presse, c'est l'information traitant de la vie publique, sa nature, sa temporalité et la façon dont elle se présente aux publics, qu'Internet remet en cause. La presse perdure, mais l'information qu'elle produit n'est plus reçue de façon identique.

Pour ce qui a trait à l'instantanéité du réseau, rien de décisif ne s'est produit. Terhi Rantanen, spécialiste de la globalisation des médias, démontre que la vraie rupture dans l'histoire de l'information date de l'arrivée du télégraphe, à la fin du XIXe siècle. Les *news* qui n'allaient pas plus vite que le journal où elles étaient imprimées ont soudain été liées à un concept d'immédiateté. Comme sur Internet, plus d'un siècle plus tard, on a vu la même nouvelle diffusée vers des publics vivant dans des lieux différents. En français comme en anglais ou en espagnol, on dit que « les événements ont lieu » : les nouvelles habitent réellement une structure temporelle et géographique. Avec le télégraphe, le temps de la nouvelle a été lié au temps que met l'électricité pour circuler. Et le lieu de la nouvelle est devenu un lieu abstrait : le territoire des médias qui la diffusent. C'est alors qu'est née l'économie de l'information, le produit immatériel que la presse produit en définitive, et c'est alors aussi qu'est née la perception de la différence entre les faits et l'information, deux notions qui ont tenu jusqu'à l'apparition du réseau.

Pour Terhi Rantanen, tout cela est désormais balayé : « Plus rien ne voyage, dit-elle : ni les nouvelles, ni ceux qui les produisent ni ceux qui les consomment ; tous se rencontrent de façon virtuelle sur le Web. » L'économie des *news*, leur valeur, est mise en cause lorsqu'on ne peut plus distinguer sur le réseau l'événement, l'information qui le relate, les sources en jeu et la nouvelle complètement éditée qui reprend l'ensemble dans un format journalistique. Le goût des internautes – la viralité en témoigne – pour les vidéos d'actualité présentant pour toute image un document brut, non édité, non filtré, en un mot non préparé par un média, témoigne du désir passionné – et forcément trahi – d'accéder à l'événement dépouillé de ce qu'ajoute l'économie des *news*. La connexion permanente a changé le public, sa réception de l'information, son cynisme et son émotion, son désir de partage et sa pratique de la participation. L'internaute veille, il est actif et son attention exclusive est désormais difficile à obtenir.

Si la presse parvient à recréer son modèle économique sans changer la façon dont elle affronte des attentes transformées, on peut craindre qu'elle échoue à trouver la juste place du quatrième pouvoir sur le réseau. Maintenir la spécificité et la nécessité de la voix des journalistes au sein de la surabondance médiatique est pourtant un défi clairement formulé et affronté par certains. Dès la fin du XXe siècle, Bill Kovach et Tom Rosenstiel, deux journalistes américains devenus depuis la conscience de leur profession, ont analysé des dérives répétées du journalisme pour dégager les cinq dangers de ce qu'ils appelaient « l'âge des médias remixés » :

1. Le cycle de l'information n'en finit jamais
2. Les sources se renforcent au détriment des journalistes

3. Nul ne peut fixer la limite de ce qui est publiable

4. La controverse l'emporte sur la relation des faits

5. La presse cherche à produire un choc à tout prix

Plus d'une décennie plus tard, après avoir rédigé entre autres l'ouvrage de référence de leur métier, traduit dans le monde entier, les deux auteurs sont tous deux convaincus que c'est le cœur de l'information elle-même, ce que les journalistes appellent une « histoire », qui est à remettre en cause. « À l'époque d'Internet, écrivent-ils, l'idée d'une histoire périssable, d'une information qui démarre de façon neuve chaque jour est obsolète. » Le réseau travaille en continu, la connexion de l'internaute est permanente, le nouvel « atome de base » de l'information doit, selon eux, lui aussi perdurer. L'instantanéité est l'héritage du télégraphe, la continuité, en revanche, c'est le format du flux, du « live », de la page dédiée à un mot-clé qui correspond au réseau.

Dans un univers numérique qui écarte les intermédiaires, la presse se sait condamnée à se soucier autant des pouvoirs qu'elle couvre que de l'agora numérique qu'elle sert. Si elle devient plus proche de chaque internaute et capable de « cibler » ses attentes, à la façon dont Google « cible » ses utilisateurs pour les servir au mieux, elle tiendra la promesse imaginée par Jules Verne d'une relation personnalisée en fonction du contexte de chacun. « Google est la première entreprise post-média », écrit Jeff Jarvis, l'un des plus influents prophètes du journalisme. Post-média s'entend comme l'univers numérique qui succède aux médias de masse. C'est le destin promis à tous les médias ayant fait leur révolution numérique : devenir, pour chaque internaute un média post-média.

9

LA FOIRE AUX VANITÉS

La vie sociale et le réel

Quand l'inévitable question sur la différence entre les réseaux sociaux est posée, la réponse classique est de moquer deux des plus actifs : Facebook, dit-on souvent, est pour les exhibitionnistes, Twitter pour les narcisses. Le premier réseau anime des groupes d'amis ou de fans ; le second fait circuler des messages courts dans un groupe ou sur un thème. Les non-initiés au numérique ne voient pas de nuances dans ce qui, au bout du compte, revient toujours à communiquer en ligne. Mais les internautes, eux, sont convaincus de la différence entre Facebook et Twitter, décrits au mieux comme le réseau vital face au réseau cérébral, et au pire comme une fête où tout le monde croit être le DJ face à un débat où personne n'est capable d'aligner plus d'une phrase.

La mutation du réseau Internet en espace social a changé la vie des internautes. Elle a changé le contexte de leur existence : la structure du pouvoir, les modèles d'affaires, l'accès à la culture, la perception du territoire de chacun, la relation au temps et la façon d'afficher son identité. Il est logique

que leur comportement, lui aussi, se trouve changé. Ou plutôt augmenté d'une vie sociale neuve qui s'invente avec une hardiesse révélatrice. « Le réseau est souvent un téléphone placé sur écoute qui nous connecte et qui nous dénonce, note le romancier Ray Loriga. Il serait absurde, ajoute-t-il, d'ignorer que notre simple présence nous y expose au ridicule. » Les outils, les contenus du réseau comptent moins ceux qui s'affichent en l'utilisant. Ce sont leurs usages qui font de la condition numérique une innovation avant tout sociale.

Lorsque le walkman, qui transformait l'écoute de la musique en une affaire à la fois solitaire et mobile, est apparu, l'étonnement pour beaucoup fut de constater que ce qui changeait c'était moins la façon de recevoir la musique que celle de voir autrement la ville où l'on marchait avec sa bande-son librement choisie. Une même avancée se produit avec le réseau : l'expérience est neuve, inattendue, mais cette fois elle prend une dimension à la fois individuelle et collective. Une façon de le comprendre est de revenir à un incident survenu dans le siècle naissant : la mise en service du Millenium Bridge, le pont-passerelle qui relie la cathédrale Saint-Paul à la Tate Gallery, au-dessus de la Tamise, à Londres.

Créé par l'architecte Norman Foster et inauguré par Elizabeth II, le 10 juin 2000, il tanguait si fort, avec des passants pris de mal de mer, que sa fermeture est intervenue au bout de deux jours. Il n'a rouvert, sans problèmes, qu'en février 2002, après l'installation de dizaines d'absorbeurs de chocs.

En fait, l'ouvrage était sain, bien conçu, mais sa structure frêle souffrait de très légers déplacements latéraux provoqués par le pas des marcheurs qui l'empruntaient. Comme tous ces passants tentaient d'ajuster leur pas à ces déplacements pour cheminer de façon plus confortable, leur réaction synchronisée provoquait une action plus forte encore sur le pont qui bougeait de plus en plus en retour. Les chercheurs ont baptisé « excitation latérale synchrone » ce mouvement produit collectivement par l'avancée de passants qui pourtant ne communiquaient pas entre eux.

Emprunté par les internautes à toute heure, le réseau est semblable à ce pont : excité mais dépourvu d'absorbeurs de buzz et fièvres collectives. Chacun y taille sa route entouré de ses amis, mais le jeu des algorithmes et des réseaux sociaux alimente des interactions synchrones où les mouvements passent sans coup férir d'actes resserrés à une dynamique collective. L'énergie sociale en jeu est phénoménale. Les internautes se comptent en milliards et ils agissent à la vitesse de l'électricité, ce qui ne va pas sans suggérer une analogie (absolument inexacte, mais si tentante) avec l'équation la plus fameuse de la physique : $E=mc^2$. Quel est le résultat du produit de la population des internautes par la vitesse du trafic en ligne ? Voilà la question que pose l'examen de la condition numérique à l'âge des réseaux sociaux. Nul ne peut répondre sans risquer d'être démenti au plus vite, mais deux tendances semblent devoir durer qui ont trait à la masse et à l'intensité de cette vie sociale réinventée.

Pour avoir une idée de la masse, il faut visiter la page mturk.com sur Internet. Comme le montre son sigle, c'est en fait une page de la plate-forme commerciale Amazon qui vend tout y compris, en l'occurrence, des « Turcs mécaniques ». Aucune xénophobie : le terme fait référence à un supposé automate joueur d'échecs promené dans toute l'Europe au XVIIIe siècle et dans lequel un humain de petite taille se cachait en fait pour déplacer les pièces sur l'échiquier. La page Mechanical Turks est un bureau d'embauche où un demi-million d'internautes (les Turkers) sont inscrits pour accepter des Hits (Human Intelligence Tasks – des tâches requérant une intelligence humaine) réalisés et payés en ligne. Une seule page pour accueillir cinq cent mille travailleurs et, en général, deux cent à trois cent mille offres de travail, voilà la dimension proprement insensée de ce que l'on trouve dans l'espace numérique. Il est impossible de parler d'un service de ressources humaines ou d'un cabinet de recrutement étendu. Sur le réseau, le passage à une échelle universelle entraîne un changement de nature de la vie collective, en l'occurrence dans le travail, mais il en est de même pour les plus grands sites de rencontre affective ou pour les espaces culturels. L'espace numérique réunit d'un coup plus de gens que toute réunion dans le monde réel.

Marshall McLuhan, le prophète souvent cité, y compris dans ce livre, ne se trompait pas en annonçant la venue d'un « village global ». Le village aussi grand que notre monde est bien là mais le reste de sa prophétie, en général oublié, se vérifie aussi. Convaincu de la venue irréversible de ce qu'il appelait les médias de l'« âge électrique », ce visionnaire y voyait un puissant facteur de retour vers le passé, ce qu'il appelait une « retribalisation » de l'humanité. La communication instantanée, aussi directe et rapide que les échanges par la parole dans les sociétés anciennes, recrée, assurait-il, les conditions d'une vie tribale avec des membres en contact permanent les uns avec les autres quel que soit le lieu où ils se trouvent.

Les réseaux sociaux et les groupes qui s'y forment sont le territoire de cette « retribalisation » mais elle prend une forme déconcertante. La masse est là, oui ; mais l'intensité fait défaut dans des tribus numériques où crépitent des étincelles de liens, des complicités de réseaux éloignés des allants chaleureux et durables offerts par la vie en société. L'essayiste Malcom Gladwell le constate : nous vivons en ligne des relations sociales de basse intensité. « Les plates-formes des médias sociaux sont bâties autour de liens faibles, écrit-il. Twitter est une façon de suivre (ou d'être suivi par) des gens que vous n'avez peut-être jamais rencontrés. Facebook est un outil pour gérer de façon efficace vos relations, afin de rester en relation avec des gens que sans cela vous auriez perdus de vue. C'est pour cela que vous pouvez avoir sur Facebook des milliers d'"amis", ce qui serait impossible dans la vie réelle. »

Les liens sont faibles entre les membres de la tribu numérique, mais la vitesse de leurs échanges, proche de l'instantanéité, place chacun dans une vie sociale qui (malgré tout) ne laisse pas le temps de respirer. L'usage ininterrompu, l'interaction restent les leviers principaux sur un réseau où les technologies comptent moins que cette dynamique sociale qui les porte. « Le Web, constate le physicien Tim Berners-Lee, qui en a inventé le langage informatique de base, est une invention sociale tout autant que technique. C'est le jeu du chat et de la souris entre ceux qui écrivent et ceux qui lisent qui fait marcher le Web. »

La centrifugeuse à egos

Plus encore que le nombre effarant de messages échangés dans l'espace numérique, c'est l'élan des internautes qui est une innovation : ils se jettent tout entier dans leur activité, certains sans rien garder d'intime. Jusqu'ici, les sociétés humaines garantissaient à chacun « une zone d'immunité offerte au repli, à la retraite », selon les mots de Georges Duby, dans le premier des cinq tomes de son *Histoire de la vie privée* en Occident. L'historien jugeait cette dimension intime de l'existence si « clairement perçue par le sens commun » qu'il trouvait inutile de la définir, se contentant de rappeler un constat millénaire : partout « une aire particulière, nettement délimitée, est assignée à cette part de l'existence que tous les langages disent privée ».

Aucune aire de ce type n'existe sur un réseau où la prise de parole emporte tout sur un mode affairé dû à l'utilisation d'un registre peu utilisé d'ordinaire : la parole performative. Selon l'approche du philosophe John Langshaw Austin, dont l'œuvre s'attache au langage, cette parole est celle qui par sa simple énonciation réalise une action. L'exemple classique de cette forme d'expression est le président d'une réunion proclamant « la séance est ouverte ». Ses mots sont en eux-mêmes une action : ils ouvrent la séance. Dans l'espace numérique, cette forme abonde d'autant plus que des outils ou des abréviations évitent même d'avoir à dire que l'on aime, que l'on partage, que l'on s'indigne, que l'on a lu. La parole performative est celle de l'internaute qui s'exprime devant l'assemblée de ses amis sur Facebook ou de ceux qui le suivent sur Twitter. Souvent, il ne dit rien par lui-même mais fait plutôt écho à un autre internaute, peut-être inconnu de lui, qui a dit ce qu'il juge digne de faire circuler. Je parle donc j'agis…

Toute publication d'un message ou d'un contenu qui comprend un lien hypertexte procède pour une part de cette nature étrange, presque contradictoire. D'une part, il y a la volonté d'exister, voire d'être influent, par une prise de parole sur un réseau ; d'autre part, il y a le renoncement à une partie de son message afin d'y placer la parole d'un autre. Le réseau retrouve là sa nature particulière liée à ses origines. Il est né en tant que canal de diffusion médiatique et il le demeure même si la population des internautes en a pris le contrôle afin d'installer ses interactions au premier rang des échanges. On lit sans peine une affectation consciente, une posture d'esthète du numérique dans la manière qu'ont les internautes de regarder et de commenter le grand cirque médiatique dont ils font partie. Une vidéo, un lien, un tweet s'appuient désormais sur des genres établis, des propos convenus du numérique : le colportage d'un ragot sur les « people », l'indignation faussement vertueuse sur les ressources des plus nantis, l'attendrissement devant le chaton ou le bébé léopard qui vient de naître dans un zoo, le ricanement sur le lapsus qui dévoile un homme politique, la moquerie du raté d'un présentateur de télévision, etc.

Il fut une époque, au début du siècle dernier, où assister à la promenade de ses concitoyens et commenter la qualité de leurs voitures à chevaux et l'élégance de leurs toilettes était une distraction quotidienne. Aujourd'hui, chacun considère le défilé des meilleurs contenus présentés par ses amis qui se savent regardés… et observent les réactions en retour. Le réseau n'est pas une banale foire aux vanités mais une centrifugeuse à egos tournant à plein régime. « Créatures postindustrielles d'une économie de l'information, nous sentons de façon croissante qu'accéder à des médias est notre véritable occupation, constate l'écrivain William Gibson dans un essai. Nous sommes devenus mortellement conscients. Il n'existe plus rien qui soit une simple distraction. Nous nous regardons en train de nous regarder. »

Dans ce théâtre social, la communication fonctionne et produit un plein effet parmi des internautes décrits à juste titre comme des « médiavores ». Les critiques d'Internet s'appuient d'ailleurs sur cette efficacité pour formuler le reproche récurrent fait au réseau : il met en circulation rumeurs ou informations infondées. De l'annonce de la mort de personnes toujours bien-portantes à la circulation d'images falsifiées, la liste est longue de ceux qui ont cru et de ceux qui ont voulu faire croire des faits mensongers publiés sur Internet. Et de même il suffit de questionner un moteur de recherche sur les origines de l'attentat contre le World Trade Center, à New York, le 11 septembre 2001, ou sur l'identité du supposé responsable du virus du sida pour découvrir un recoin du réseau où s'expriment des personnes convaincues de la véracité de complots loufoques.

Un espace où chacun s'exprime sans filtre héberge forcément des points de vue qui relèvent du délire ou de la paranoïa. Mais ce constat n'ôte rien aux usages désormais établis. Il existe une mécanique sociale de la circulation de l'information : les internautes n'ont qu'une façon d'agir, ils traitent de la même façon une rumeur infondée et des faits avérés. La différence entre les deux ne tient pas au fond de ce qui circule mais à sa réception dans un espace social. La mécanique de la rumeur – fondée ou non – repose sur trois rouages, selon Cass Sunstein, professeur de droit à l'université Harvard, qui a consacré un ouvrage au sujet.

– Premier rouage : la *cascade informationnelle*. Il faut un nombre suffisant de personnes qui croient à une rumeur pour que d'autres personnes la croient à leur tour. Toute rumeur suppose une masse critique de croyants.

– Deuxième rouage : la *cascade du conformisme*. Des personnes censurent leur opinion et se rallient à la masse de ceux qui croient la rumeur afin de se maintenir au cœur de ce qui leur semble être l'opinion commune de leur entourage. Ce n'est plus une adhésion à la rumeur mais le ralliement à un groupe.

– Troisième rouage : la *polarisation*. C'est une donnée liée au contexte : la croyance dans la rumeur est renforcée parmi ceux qui se trouvent dans un groupe aux convictions d'autant plus arrêtées qu'elles sont contestées au-dehors. La rumeur est confortée par l'adversité.

Ce processus est universel. Il fonctionne à l'identique pour une rumeur infondée et pour une information avérée. Une rumeur c'est une information qu'un internaute traite comme avérée ou qu'il a choisie de croire, après d'autres internautes, et qu'il s'emploie à faire circuler. Dans l'univers numérique, où les agrégations de liens ou de personnes sont sans cesse recomposées par les algorithmes et l'activité des internautes, les phénomènes de cascades et de polarisation des groupes sont changeants, toujours ouverts. Une rumeur crée littéralement son propre public en circulant sur le réseau qui la conforte avec le ton propre à la parole performative : énoncer une information revient, à chaque étape de sa diffusion, à l'accréditer comme fondée.

Les internautes ne sont pas plus crédules que d'autres mais ils sont soumis au discours le plus crédible des temps numériques, celui dont rien ne laisse craindre qu'il poursuive un dessein caché. Ni publicité, ni propagande et encore moins cours magistral, le propos d'un internaute, depuis le tweet du témoin d'un incident, jusqu'au blog de l'amateur en passant par le commentaire du visiteur d'un site ou d'un forum, s'affiche toujours comme l'expression désintéressée d'une personne parlant en son seul nom, ce qui rend difficile toute réfutation.

Le romancier David Lodge a consacré plusieurs manuels au roman moderne. Dans le dernier, publié à l'amorce du XXIe siècle, il constatait que « la majorité des romans ayant une ambition littéraire des deux dernières décennies ont été écrits à la première personne du singulier ». Une fois balayées les considérations classiques sur la mort de l'auteur omniscient qui s'exprime à la troisième personne à la façon d'un dieu ou d'un souverain, il ne pouvait que relever le poids, la portée d'une voix : « Dans un monde où rien n'est certain, où les croyances transcendantales ont été sapées par le matérialisme scientifique, ou même l'objectivité de la science s'en réfère au relatif et à l'incertitude, une voix humaine esseulée, racontant sa propre histoire peut sembler être le seul moyen authentique de traduire un état de conscience. » Ce moyen, le réseau l'utilise à chaque seconde : en dépit de sa trivialité, de contenus parfois grotesques et du désordre de son offre, il semble malgré tout porteur d'une authenticité impossible à trouver dans le monde réel.

Le réseau et le réel

Leur rivalité était prévisible. Par nature, le monde réel et le réseau ont vocation à tout englober. Le premier découvre la concurrence ; le second se développe avec une ambition d'universalité. La connexion permanente les place dans un face-à-face continu et changeant. Parfois, lorsque l'un et l'autre proposent d'atteindre le même résultat, ils se présentent comme une alternative ; parfois, le réseau est un simple accès vers un objet, un service, une situation qui correspondent à une expérience relevant du seul monde réel ; parfois encore, l'un offre tout et l'autre ne propose rien. La condition numérique se bâtit à la confluence de deux univers qui imposent de choisir : s'en tenir à des façons de faire établies ou bien suivre la voie numérique ou bien encore, et c'est le plus souvent, chercher son équilibre en mariant les deux.

Rien de semblable n'a jamais existé dans l'Histoire humaine. La seule analogie possible est à chercher dans les univers parallèles de la science-fiction mais aucun d'entre eux ne convient tout à fait. Internet n'est pas un *univers supplémentaire* qui vivrait à côté du monde réel tout en l'ignorant. Ce n'est pas non plus un *univers miroir* qui se contenterait de le reproduire car les deux entités sont spécifiques. En aucune façon, il n'est un *univers divergent* avec la possession d'un passé différent. Quant à en faire un *hyperespace*, ce n'est pas davantage possible, car s'il abolit l'espace, ce n'est pas pour permettre aux internautes de changer d'univers, mais plutôt pour communiquer simultanément avec différents lieux du monde réel.

Et pas question non plus d'imaginer un système de vases communicants qui ferait gagner au numérique ce que le réel pourrait perdre. Le réseau ne cannibalise pas le monde réel. Il y a trop de morsures, de chevauchements, d'ajouts, de réajustements de frontières entre les deux entités pour les séparer de façon nette. Aller d'un univers à l'autre, utiliser l'un grâce à l'autre ou l'un contre l'autre est si courant qu'il n'est plus possible de penser à un transfert d'activités depuis le monde réel vers Internet. Il s'agit plutôt d'une autre façon d'être au monde, d'une manière de s'accommoder d'une réalité façonnée à partir du réel et de son extension numérique.

Cette situation recèle quelque chose d'un pacte faustien, non pas avec le diable, mais avec le réel dont il est à tout moment possible de s'émanciper en allant sur le réseau, dans une autre dimension de l'espace et du temps. « Je ne demande pas à Dieu de rien changer aux événements, mais de me changer relativement aux choses ; de me laisser créer autour de moi un univers qui m'appartienne, de diriger mon rêve éternel au lieu de le subir », notait le poète Gérard de Nerval au cœur du mouvement romantique en avouant qu'il serait Dieu si sa prière était exaucée. C'est la position présente de tout internaute qui, sans être Dieu, agit au fond en romantique du numérique. Il crée son univers, éprouve la sensation d'en être le seul maître, puis considère les événements du monde avec ce vertige que procure la distance pour parvenir enfin à ce constat incommode : en regard des émotions numériques, le réel déçoit.

Comparé avec le flux d'une connexion, le monde est lent, souvent pauvre, complexe. L'exaspération exprimée par le parent, le professeur, le conjoint lassé de voir son enfant, son élève, son conjoint toujours connecté est l'aveu d'un doute intime : il se pourrait que le monde réel ne soit pas toujours de taille à lutter avec l'espace numérique. Lui est rapide, riche, direct et porteur d'une solution immédiate face à son concurrent. L'expression ininterrompue des internautes sur les sites et les réseaux sociaux relève peut-être moins de la communication que de la volonté de gérer les contraintes imposées par le monde. « L'homme moderne a perdu l'option du silence, affirme l'écrivain William Burroughs. Essayez, propose-t-il, de mettre un terme à votre discours intérieur. Essayez d'avoir ne serait-ce que dix secondes de silence intime. Vous rencontrerez un organisme qui résiste et vous force à parler. Cet organisme, c'est le monde. »

Face au réel, les échanges sont si rapides dans l'espace numérique que l'expression des internautes pèse sur les faits eux-mêmes. Le financier George Soros, connu pour avoir gagné un bras de fer financier avec la Banque d'Angleterre en 1992, a façonné un concept pour expliquer cette relation entre la pensée et la réalité des événements. Il appelle « *reflexivity* », ce qui se traduit mal en français par « réflexivité », le processus qui fait que la réaction collective à des événements du monde réel modifie davantage le réel que les événements initiaux. Il en voit le paradigme dans la crise financière de 2008 où, au-delà de bulles spéculatives, le phénomène principal tenait à la lenteur du réel face à la vitesse des messages générés par la crise. « Les relations interpersonnelles directes entre les participants au marché », relève-t-il, sont essentielles « car les événements sont plus longs à produire leur effet ». C'est la règle sur le réseau où l'information en provenance des événements du monde réel est devancée par la rumeur, dépassée par le buzz et recyclée par les algorithmes.

Le réseau agit d'autant plus vite qu'il abrite une « classe créative », au sens que lui donne le géographe Richard Florida : un regroupement à implantation urbaine, mobile, qualifié, connecté de scientifiques, architectes, artistes, professeurs, avocats, managers que réunissent le talent et la technologie. Le réseau n'est pas une extension homogène du réel. L'équivalent de son univers dense, intense, chargé d'énergie, on le trouve plus volontiers dans une métropole que dans l'espace rural. Chaque page ouvre sur un nouvel établissement, un magasin, une école, à la façon dont chaque édifice d'une rue contribue à la densité d'une ville. Nombre de théories sur la croissance économique et la place qu'y tiennent les villes valorisent la présence des talents avant celle des infrastructures. Internet est la ville rêvée, d'une proximité maximale, puisque l'on s'y trouve à un clic du voisin, et d'une richesse illimitée avec l'addition de niches de professionnels et de lieux de savoir comme le monde réel ne peut en proposer.

Pour autant, le réseau est d'une simplicité confondante. On y parle comme on le fait chez soi ou sur son lieu de travail. Il n'y a pas d'éditeur, de réalisateur, d'animateur, de correcteur, aucune de ces professions qui, ailleurs, encadrent et normalisent l'expression. Tous les parents peuvent en témoigner : l'utilisation d'une application sur un support mobile intervient avant la maîtrise du langage verbal. Et ce qu'il faut appeler l'oralité des messages écrits paraît si évidente que l'on constate, à voir les doigts courir sur les écrans des téléphones portables, que même la main s'en trouve changée : le pouce est devenu le nouvel index d'une vie en ligne qui nous piège dans une communication permanente.

Une hypothèse ne peut être écartée : l'espace numérique ne serait pas si méritant. Sa croissance tiendrait moins à ses qualités propres qu'au recul de la réalité qu'il compense de façon naturelle. Les médias paraissent d'ailleurs peiner à capter le réel. La télévision ne se contente plus de montrer le réel et préfère souvent en produire sa propre version, la téléréalité, avec la création de situations artificielles d'enfermement, de séduction, de rénovation de logement ou de survie. La presse écrite a fini, elle aussi, par utiliser les fictions pour traiter de l'actualité, rompant avec une tradition séculaire.

Il n'y a pourtant pas lieu de douter du réel : il reste présent, bien sûr, mais il n'est plus seul. Connexion permanente oblige, le réseau ne le quitte pas. Il supplée ses carences autant qu'il les révèle. Il étend la réalité en offrant à chacun de mieux la redéfinir. Dans un monde médiatisé et numérisé, ce que montrent la webcam, la photo, la vidéo, ce que dit le flux de messages, ce que suggère le moteur de recherche, ce qu'apporte la connexion permanente, constitue une large part de la vie. Il n'existe guère de situations vécues hors d'une relation d'interaction sur un réseau. Le réel, c'est le monde plus la connexion, et souvent, c'est même la connexion plus ce qu'elle laisse de place au monde.

« La communication crée ce que nous appelons la réalité », écrit le philosophe Paul Watzlawick dans *La réalité de la réalité*, l'un des ouvrages définissant l'école de Palo Alto dont il fut le théoricien de la communication. Internet donne un plein épanouissement à la vision de ce groupe de thérapeutes, sociologues, sémiologues et philosophes californiens convaincus dès les années cinquante que l'individu existe et se définit par un système d'actions et de relations avec le monde réel. « Il y a en fait différentes versions de la réalité, écrit Paul Watzlawick, certaines sont contradictoires, mais toutes sont le résultat de la communication et non pas le reflet d'une éternelle vérité objective. »

Le réseau, cet univers pluriel, continu, stimulant est la place de marché où chacun négocie sa réalité. Le login et le mot de passe ne mènent pas vers une autre vie mais vers une vie où la condition humaine devient différente, sociale et solitaire à la fois, vouée à la veille permanente sur un présent aussi vaste que le réseau. L'internaute est enchaîné, oui, mais attentif à la solidité du maillon le plus important : sa connexion.

Remerciements

Un ouvrage qui traite de la vie numérique ne peut s'écrire seul, ni même à deux. Le flux des idées et des liens participe de la respiration normale dans l'espace de partage et de participation que constituent le réseau et les développements qu'il provoque. Par leur position professionnelle et académique, les deux auteurs ont la chance, tant en France qu'à l'étranger, d'échanger informations et expériences dans des écoles, des universités, des fondations, des rédactions et des entreprises. Ils sont seuls responsables de l'usage tiré de ces influences dans cet ouvrage, mais ils tiennent à remercier tous ceux qu'ils côtoient dans leurs activités et qui, parfois à côté ou au-delà d'une relation formelle de travail, contribuent à leur réflexion.

BIBLIOGRAPHIE

Les titres des chapitres sont repris des ouvrages suivants :

La Condition humaine d'André Malraux
Vie et destin de Vassili Grossman
L'Écume des jours de Boris Vian
La Carte et le territoire de Michel Houellebecq
Les Mots et les choses de Michel Foucault
L'Humeur vagabonde d'Antoine Blondin
Le Capital de Karl Marx
L'Ancien Régime et la Révolution d'Alexis de Tocqueville
La Foire aux vanités de William Thackeray

CHAPITRE 1. LA CONDITION HUMAINE

p. 10 « Le futur du futur… » : *Marshall McLuhan speaks*, http :// marshallmcluhanspeaks.com/prophecies/1968-the-future-of-the-future-is-the-present.php

p. 11-12 L'« affaire des quatorze » est relatée dans *Poetry and the Police, Communications Network in Eighteen-century Paris* de Robert Darnton, The Bellknap Press of Harvard University Press, Cambridge, 2010 « *l'opération de police la plus vaste* », p. 2. La « succession d'arrestations aurait pu continuer indéfiniment sans que l'on arrive à trouver l'auteur ultime », p. 22.

« monstre dont la noire furie », p. 7. Le texte des poèmes : p. 147 et suivantes

p. 14 La première vidéo sur YouTube : http://www.youtube.com/watch?v=jNQXAC9IVRw

p. 14 Le premier tweet : https://twitter.com/jack/status/20

p. 14 L'ouverture du réseau social Facebook : *The Facebook Effect* de David Kirkpatrick, Simon & Schuster, New York, 2010, p. 195

p. 14 Présentation de l'iPhone : http://www.youtube.com/watch?v=Q3W58S29eSE

p. 15 « textualisation des images » : *The YouTube Reader*, Pelle Scnickarrs et Patrick Vonderau (éd.), Bibliothèque nationale de Suède, Stockholm, 2009, contribution à *The Carnival of the New Screen : From Hegemony to Isonomy*, de Bernard Stiegler, p. 55

p. 15 Nombre de vidéos sur YouTube : http://youtube-global.blogspot.fr/2012/05/its-youtubes-7th-birthday-and-youve.html

p. 16 Nombre de tweets : http://blog.twitter.com/2012/03/twitter-turns-six.html

p. 16 Nombre de comptes sur Facebook : http://www.socialbakers.com/countries/continents

p. 16 Nombre de téléchargements d'applications : http://officialandroid.blogspot.fr/2012/09/google-play-hits-25-billion-downloads.html
http://www.apple.com/pr/library/2013/01/07App-Store-Tops-40-Billion-Downloads-with-Almost-Half-in-2012.html

p. 17 « Je ne peins pas les choses… », « Henri Matisse en France » de Louis Aragon, 1943. Ce phrase a été modifiée lors d'un entretien donné en 1971

p. 17 *Alone Together* de Sherry Turkle, Basic Books, New York, 2011

p. 17 « culture de réaction… » : *You are not a gadget* de Jaron Lanier, Allen Lane, Londres, 2010, p. 20

p. 17 « *Noosphère* » : le terme a été forgé par Pierre Teilhard de Chardin. Il a nourri un concept largement développé aussi bien par les auteurs de science-fiction que les précurseurs du réseau Internet

p. 17 Jonathan G. Parker : http://www.journal-news.net/page/content.detail/id/525232.html

p. 19 David Gelertner : http://www.edge.org/3rd_culture/gelernter10/gelernter10_index.html, paragraphes 27 et 28

p. 19 « How soon is now ? » de Steven Morrissey, The Smiths, single repris dans *Hatful of Hollow*, 1984

p. 20 « Les branchies de Google » : Alessandro Baricco, *Los Barbaros*, Anagrama, 2006, Barcelone, p. 93

p. 21 « Distracted from distraction... » : T.S. Eliot, *« Burt Norton »*, le premier des *Four Quartets*

p. 21 « technologies de l'interruption... » : Cory Doctorow, http://www.locusmag.com/Features/2009/01/cory-doctorow-writing-in-age-of.html

p. 22 « Loisir intersticiel » : *Burburas de Ocio* de Roberto Igarza, lCRJ inclusiones, 2009, Buenos Aires, p. 42

p. 22 « scannage et écrémage » : *The Shallows* de Nicholas Carr, Alfred A. Knopf, New York, 2010, p. 138

p. 22 Sur les jeux : *Les Jeux et les hommes* de Roger Caillois, Gallimard, 1958

p. 24 Lettre de Vladimir Nabokov publiée dans *The New Yorker*, 14 et 20 juin 2011

p. 26 La disparition du réel : *L'échange impossible* de Jean Baudrillard, Galilée, 1999

p. 26 « Une réalisation inconditionnelle... » : *Le crime parfait* de Jean Baudrillard, Galilée, 1995, p. 45

p. 27 Sur les « hikikomoris » : http://factsanddetails.com/japan.php?itemid=639&catid=19&subcatid=120 et http://www.nytimes.com/2006/01/15/magazine/15japanese.html

p. 28 « Le Symbolique, l'Imaginaire et le Réel », conférence de Jacques Lacan, 8 juillet 1953, http://www.ecole-lacanienne.net/documents/1953-07-08.doc

p. 28 « Le réel c'est l'impossible » : *Le Séminaire, livre XI, Les quatre concepts fondamentaux de la psychanalyse*, Jacques Lacan, Le Seuil, 1973, p. 152.

p. 28 « souviens-toi… » : *Star Wars*, épisode 1, « *The Phantom Menace* »

CHAPITRE 2. VIE ET DESTIN

p. 31 Nombre des internautes : http://www.internetworldstats.com/stats.htm

p. 31 « Pas de monstres… » : Gustave Flaubert, lettre à George Sand, fin décembre 1875

p. 32 Salam Pax : http://salampax.wordpress.com/

p. 32 Wael Ghonim : https://twitter.com/Ghonim

p. 32 Alexei Navalny : http://navalny.livejournal.com/

p. 32 Yoani Sánchez : http://www.desdecuba.com/generaciony/

p. 30 suivi des messages : http://www.socialbakers.com/twitter/

p. 33 « J'ai pensé se souvient-il… » : Portrait de William Gibson, *Beyond Cyberspace*, *The Guardian*, 24 sept. 2011, p. 22

p. 33 Continuous partial attention : http://lindastone.net/qa/continuous-partial-attention/

p. 34 State of hyper attention : http://engl449_spring2010_01.commons. yale.edu/files/2009/11/hayles.pdf

p. 35 Andy Wharol a beaucoup retouché cette phrase qu'il utilisa pour la première fois en 1968 : http://www.phrases.org.uk/meanings/fifteen-minutes-of-fame.html

p. 35 Nick Currie : http://www.guardian.co.uk/books/2009/sep/19/momus-nick-currie-book-jokes et http://web.archive.org/web/20061208153228/http://www.imomus.com/index499.html

p. 35 David Weinberger : http://web.archive.org/web/20061214124420 et http://www.hyperorg.com/blogger/mtarchive/004264.html

p. 37 Transmissions de données par Apple : http://www.apple.com/pr/library/2011/04/27Apple-Q-A-on-Location-Data.html

p. 37 Sur les cookies : section « *What they know* » de

The Wall Street Journal : http://online.wsj.com/public/page/what-they-know-digital-privacy.html

p. 37 Voir également, *Online Tracking Ramps Up*, 17 juin 2012 : http://online.wsj.com/article/SB10001424052702303836404577472491637833420.html et http://online.wsj.com/article/SB10001424052748703940904575395073512989404.html

p. 39 « Un profil numérique… » : *Odio Barcelona*, Ana S. Pareja éd., ODIOtm de Eloy Fernandez Porta, p. 171

p. 40 « Des millions de petites publicités… » : *Reality Hunger, a Manifesto* de David Shields, Alfred A Knopf, New York, 2010, p. 93

p. 41 « Quand un être humain… » : « Generation why ? » de Zoe Smith, *The New York Review of Books*, 25 nov. 2010, p. 59

p. 41 Dessin de Peter Steiner, *The New Yorker*, 5 juillet 1993.

p. 42 « Le fait que l'identité… » : *Ecran total* de Jean Baudrillard, *Libération*, 6 mai 1996, p. 8, http://www.egs.edu/faculty/jean-baudrillard/articles/ecran-total/

p. 43 Cnil : voir les mesures pour traiter les risques sur les libertés et la vie privée http://www.cnil.fr/fileadmin/documents/Guides_pratiques/CNIL-Guide_securite_avance_Mesures.pdf

p. 44 Les photos privées de Mark Zuckerberg : http://www.facebook.com/IHeartShinMinAh/posts/315278121829657 http://www.ndtv.com/article/world/facebook-bug-reveals-mark-zuckerberg-s-private-pictures-155923 http://www.quora.com/How-many-photos-are-uploaded-to-Facebook-each-day#

p. 44 Trois années pour effacer des photos : http://arstechnica.com/business/2012/08/facebook-finally-changes-photo-deletion-policy-after-3-years-of-reporting/ http://www.insidefacebook.com/2012/08/16/facebook-fixes-photo-deletion-issue-3-years-after-privacy-questions-were-raised/

p. 45 « Que le privé et le public… » : *Les Testaments trahis* de Milan Kundera, Gallimard, 1993, pp. 303-304

p. 47 Les apôtres de Cambridge : *The Cambridge Apostles, 1820-1914 : Liberalism, Imagination And Friendship In British Intellectual And Professional Life*, de W.C. Lubenow, Cambridge University Press, 1998, p. 202.

p. 49 « le moteur de recherche… » : Larry Page a répété son propos de diverses façons. Première version : conférence *Zeitgeist '06*, Londres, 22 mai 2006, http://www.guardian.co.uk/technology/2006/may/23/searchengines.news

p. 49 « Au fur et à mesure… » : *The Big Switch* de Nicholas Carr, W.W. Norton, New York, 2009, pp. 161-162

p. 50 Eli Pariser expose sa théorie dans des termes identiques dans son livre *The Filter Bubble : What the Internet is Hiding from You*, Viking, Londres ; dans une présentation <http://www.ted.com/talks/eli_pariser_beware_online_filter_bubbles.html> et dans son blog http://www.thefilterbubble.com/

p. 51 « la société vient en premier… » : *Frame Analysis, an essay on the organization of experience* d'Erving Goffman, Northeastern University Press, Boston, 1974, p. 13

CHAPITRE 3. L'ÉCUME DES JOURS

p. 53 « Je suis triste… » : « The Epic Saga of The Well » de Katie Hafner, Wired, http://www.wired.com/wired/archive/5.05/ff_well_pr.html

p. 53 « L'homme est un animal… » : L'*Éthique à Nicomaque*, Aristote

p. 54 Sur l'engagement, voir le site http://www.socialbakers.com/twitter/

p. 56 « On peut écrire… » : http://ia700309.us.archive.org//load_djvu_applet.php?file=26/items/ApplicationsOfInformationNetworks/ApplicationsOfInformationNetworks.djvu

p. 56 Les propos de Walter Ong sur l'oralité secondaire : *Orality and Literacy*, Routledge, New York-Londres, 1982, pp. 133-134

p. 58 « Toute technologie… » : la troisième loi d'Arthur C. Clarke figure dans *Profiles of the future, Hazards of Prophecy : The Failure of Imagination*, Holt Rinehart & Winston. La troisième loi ne figure comme telle que dans les éditions parues à partir des années soixante-dix.

p. 59 Spaceware : http://www.hardcoregaming101.net/spacewar/spacewar.htm

p. 59 La représentation sur un écran et « deux caractéristiques premières… » : *A History of the Internet and the Digital Future* de Johnny Ryan, Reaktion Books, Londres, 2012, pp. 49-53, p. 159

p. 61 « Quand nous tweetons… » : *With friends like this…* de April Dembovsky, *The Financial Times*, 19 mai 2012, http://www.ft.com/cms/s/2/42d2acb2-9fb3-11e1-8b84-00144feabdc0.html#axzz272aEqlAH

p. 61 « Le texto… » : *Txtng* de David Crystal, Oxford University Press, Oxford, 2008, p. 164

pp. 61-62 Robin Dunbar a exposé ses travaux de façon accessible dans *How Many Friends does One Person Need ?*, Faber and Faber, Londres, 2010

p. 63 Sur les Aymaras : *With the Future Behind Them : Convergent Evidence From Aymara Language and Gesture in the Crosslinguistic Comparison of Spatial Construals of Time*, Rafael E. Núñeza, Eve Sweetserb, *Cognitive Science* 30, 2006, 1-49

p. 65 Sur Jorge Luis Borges en tant que prophète d'Internet, voir les livres :
– *Cy-Borges : Memories of the Posthuman in the Work of Jorge Luis Borges*, Ivan Callus et Stefan Heerbretchter (éd.), Associated University
Press, Cranbury NJ, 2009, *Borges 2.0, From Text to Virtual Worlds*, de Perla Sasson-Henry, Peter Lang, New York, 2008

– un article d'un site argentin, infobae : http://america.infobae.com/notas/27236-Jorge-Luis-Borges-precursor-de-Internet

– et un article du *New York Times* : http://www.nytimes.com/2008/01/06/books/06cohenintro.html?_r=1&oref=slogin

pp. 66-67 Banqueroute de la réputation : http://futureoftheinternet.org/reputation-bankruptcy

p. 68 La chanson d'Elvis Presley : *I Forgot to Remember to Forget*, paroles et musique de S. Kesler et C. Feathers

p. 69 « Cette distraction aujourd'hui… » : *What is Happening to News, the Information Explosion and the Crisis in Journalism* de Jack Fuller, The University of Chicago Press, Chicago et Londres, 2010, p. 58

p. 70 « Le cœur… » : *Pensées*, de Blaise Pascal, Folio Gallimard, 1977, fragment 397, p. 251

pp. 71-72 Le réseau de Primo Levi : *Histoires naturelles* suivi de *Vices de forme*, Gallimard, p. 327

CHAPITRE 4. LA CARTE ET LE TERRITOIRE

p. 75 Compilation des formules de Marshall McLuhan : table des matières de *Digital McLuhan, a guide to the information millenium* de Paul Levinson Routledge, Londres-New York, 1999

p. 76 Définition du protocole d'Alexander Galloway : *Protocol : How Control Exists after Decentralisation*, MIT Press, 2004, p. 74 disponible sur *http://thecomposingrooms.com/research/reading/GALLOWAY-Alexander.–Protocol.pdf*

p. 76 « Chaque support étant le pair… » : *Internet Core Protocol : the definitive guide* de Eric Hall, Sebastopol CA, O'Reilly, 2000, p. 407

pp. 77-78 « A mesure que la technologie… » Nicholas Carr, *op. cit.*

p. 79 Les fermes de serveurs présentées par Google : http://www.youtube.com/watch?v=zRwPSFpLX8I&feature=player_embedded

http://www.google.com/about/datacenters/gallery/#/

p. 83 L'innovation combinatoire : voir *Computer Mediated Transactions* de Hal R. Varian, http://people.ischool.berkeley.edu/~hal/Papers/2010/cmt.pdf et une présentation vidéo http://www.youtube.com/watch?v=hqaA-fgdXEE

p. 84 Steve Rubel : http://paidcontent.org/2012/03/04/419-five-companies-steer-all-news/

pp. 84-85 « Les merveilleux nuages » : « L'étranger » de Charles Baudelaire dans *Les petits poèmes en prose.*

p. 86 *La géographie, ça sert, d'abord à faire la guerre* est paru en 1976 dans la « petite collection » de l'éditeur François Maspero. Le livre est aujourd'hui disponible à La Découverte.

p. 86 Le « cinquième domaine » des États-Unis : « Who controls the Internet ? » de Misha Glenny, *The Financial Times*, 9-10 oct. 2010. Idem pour Keith Alexander

pp. 86-87 Le modèle chinois : Michael Anti : *Behind the Great Firewall of China* présenté sur TED : http://www.ted.com/talks/michael_anti_ behind_the_great_firewall_of_china.html

« China's Great Firewall not secure enough, says creator », de Tania Branigan, *The Guardian* : http://www.guardian.co.uk/world/2011/feb/18/china-great-firewall-not-secure-internet

« Google China : Inside the firewall, information is in short supply », de Tania Branigan ; http://www.guardian.co.uk/world/2010/mar/23/google-china-firewall-censorship-internet

p. 87 Le modèle russe : « Russian Spies, they've got mail » de Sharon LaFraniere, *The Washington Post*, http://www.washingtonpost.com/wp-dyn/articles/A51550-2002Mar6.html ; Wiretapping in Russia de James Kimer, http://robertamsterdam.com/2008/03/wiretapping_in_russia/

p. 88 *Cyberwar is Coming !* de John Arquilla and David Ronfeldt, *Comparative Strategy*, vol. 12, nº 2, printemps

1993, p. 141, repris sur http://www.rand.org/content/dam/rand/pubs/reprints/2007/RAND_RP223.pdf

p. 88 L'offensive contre l'Estonie : « Russia accused of unleashing cyberwar to disable Estonia » de Ian Traynia http://www.guardian.co.uk/world/2007/may/17/topstories3.russia et *Portal Combat* de Adam Lebor, Monocle, nº 36, pp. 69-71

p. 89 « La cybersécurité » : « States embark on a scramble for cyberspac » de Misha Glenny http://www.ft.com/cms/s/0/05be0df8-3205-11df-a8d1-00144feabdc0.html#ixzz2CgOAvweo

p. 89 Le virus Stuxnet : « Is Stuxnet the 'best' malware ever ? » de Gregg Keizer, Infoworld http://www.infoworld.com/print/137598. « Siemens : Stuxnet worm hit industrial systems » de Robert McMillan, Computer world ; http://www.computerworld.com/s/article/print/9185419/Siemens_Stuxnet_worm_hit_industrial_systems?taxonomyName=Network+Security&taxonomyId=142

p. 90 « Le côté extrêmement ouvert... » : *The Online Threat* de Seymour Hersh, *The New Yorker*, 1er nov. 2010

p. 90 « La cyberguerre » : « Cyberwar Is Already Unpon Us » de John Arquilla, *Foreign Policy*, mars-avril 2012, http://www.foreignpolicy.com/articles/2012/02/27/cyberwar_is_already_upon_us

p. 91 « more data... » : *Planet Google* de Randall Stross, Free Press, New York, 2012, p. 14

p. 91 *IBM : what is big data ?* http://www-01.ibm.com/software/data/bigdata/

p. 92 « Le Big data... » : déclaration d'Alex Pentland, http://www.edge.org/conversation/reinventing-society-in-the-wake-of-big-data

p. 93 Le suivi des avancées du virus de la grippe par le moteur de recherche Google fait l'objet d'un site : http://www.google.org/flutrends/

Il a été décrit : http://www.washingtonpost.com/blogs/wonkblog/post/how-google-can-predict-your-flu-related-hospital-visit/2012/02/24/gIQAloJSYR_blog.html et même modélisé dans des publications scientifiques : http://www.medicalnewstoday.com/articles/253210.php http://www.nature.com/nature/journal/v457/n7232/full/nature07634.html et dans une présentation : http://fr.slideshare.net/benj_2/detecting-influenza-epidemics-using-search-engine-query-data#btnNext

p. 93 *Moneyball* de Michael Lewis, W.W. Norton, New York, 2003-2004.

p. 94 Trois facteurs… : *Too Big To Know* de David Weinberger, Basic Books, New York, 2011, pp. 125-126

p. 95 « Le métier le plus sexy… » : *Harvard Business Review*, oct. 2012, p. 70

CHAPITRE 5. LES MOTS ET LES CHOSES

p. 97 « Quand il lisait… » : *Les Confessions*, saint Augustin, livre sixième, chap. III

p. 98 Sur le code, l'écrit et la parole : *My mother was a computer, Digital Subjects and Literary Texts* de N. Katherine Hayles, The University of Chicago Press, Chicago, 2005, pp. 39 et suivantes.

p. 99 « à l'inverse de la langue parlée… » : *Orality and Literacy* de Walter Ong, Routledge, New York-Londres, 1982, p. 81

p. 100 Claude Lévi-Strauss : *Introduction à l'œuvre de Marcel Mauss*, préface à *Sociologie et anthropologie* de Marcel Mauss, PUF, 1950. La formule souvent citée est « ce signifiant flottant qui est la servitude de toute pensée finie »

p. 102 Dialogue de Captain Kirk et Spock : http://www.imdb.com/title/tt0060028/quotes

p. 102 « ce qui se passe… » : une interview/dialogue avec Albert Borgmann et N. Katherine Hayles sur les humains et les machines http://www.press.uchicago.edu/Misc/Chicago/borghayl.html.

p. 103 « Nous rejetons… » : *Proceedings of the Twenty-Fourth Internet Engineering Task Force*, MIT, Cambridge, 13-17 juillet, 1992, p. 551 http://www.ietf.org/old/2009/proceedings/prior29/IETF24.pdf consulter également : http://www.wired.com/wired/archive/3.10/ietf.html

p. 104 « Le royaume du numérique… » : « Program or be Programmed » de Douglas Rushkoff, http://programorbeprogrammed.com/, p. 49

pp. 104-105 Voir la liste des langages sur http://people.ku.edu/~nkinners/LangList/Extras/langlist.htm

p. 107« Nous sommes les néo-hommes » : *manifeste cyberpunk*,
http://www.cyberpunkreview.com/wiki/index.php?title=Cyberpunk_Manifesto
Manifestes :
http://www.feastofhateandfear.com/archives/cyberpunk.html
http://www.mithral.com/~beberg/manifesto.html
http://www.partnerships.org.uk/cyber/manifest.htm

p. 108 *Paperwork explosion* : http://www.youtube.com/watch?v=_IZw2CoYztk

p. 109 Déclaration de Jonathan Franzen au *Daily Telegraph* http://www.telegraph.co.uk/culture/hay-festival/9047981/Jonathan-Franzen-e-books-are-damaging-society.html#

p. 110 Memex : http://www.theatlantic.com/magazine/archive/1945/07/as-we-may-think/303881/ ; Xanadu : http://www.xanadu.com/

p. 111 « L'existence du fichier… » : *You are not a gadget, a manifesto* de Jaron Lanier, Allen Lane, Londres, 2010, p. 13

p. 111 « Réinvention du journalisme » : *Comments on Federal Trade Commission's News Media Workshop and Staff Discussion Draft* on « *Potential Policy Recommendations to Support the Reinvention of Journalism* », 20 juillet 2010, p. 6

p. 113 Textes complets des deux contes : « Cuando despierto, el dinosaurio todavia seguia alli ». « The last man on Earth sat in a room. There was a knock on the door ».

p. 114 « une maxime évidente… » : *Print is flat, code is deep*, de N. Katherine Hayles http://www.cws.illinois.edu/IPRHDigitalLiteracies/Hayles.pdf

p. 115 « la métaphore du texte… » : *Le Bruissement de la langue* de Roland Barthes, Le Seuil, 1984, p. 74

p. 117 « La remédiation » : « Remédiation » de Jay David Bolter et Richard Grusin, dans *Configurations*, 4.3 (1996), 311-358, http://lmc.gatech.edu/~objork3/1101/fall07/remediation.pdf, p17

p. 117 « YouTube fonctionne… » : *The YouTube Reader*, Pelle Scnickarrs et Patrick Vonderau (éd.), Bibliothèque nationale de Suède, Stockholm, 2009, contribution à *YouTube at the End of New Media* de Richard Grusin, p. 62

p. 119 « Clip, comment, share » : disponible sur l'application *Compendium* du *New York Times* : http://www.nytimes.com/compendium

p. 119 « Toute information se prête… » : « Le livre n'échappera pas au flux », http://blog.tcrouzet.com/2009/08/26/le-livre-echappera-pas-aux-flux/

CHAPITRE 6. L'HUMEUR VAGABONDE

p. 122 « la distinction… » : *Essais 2*, de Walter Benjamin, coll. Médiations, Denoël-Gonthier, 1971-1983, p. 87

p. 122 « Elle était venue… » : *Le Rouge et le Noir*, Stendhal, chap. 4, http://www.inlibroveritas.net/lire/œuvre3311-chapitre10465.html

p. 123 « transposition des paroles… » : *Sujet, verbe, complément* de Gilles Philippe, Gallimard, 2002, p. 67

p. 124 Les listes d'Umberto Eco : *Vertige de la liste* d'Umberto Eco, Flammarion, 2009

p. 125 « La quantité… » : *Essais 2*, de Walter Benjamin, *op. cit.*, pp. 121 et 123

p. 126 « on ne peut plus… » : *L'Eunuque* de Terence

p. 128 « Durant à peu près deux siècles… » : *Masscult and Midcult Essays against the American Grain*, de Dwight Macdonald, NYRB, New York, 2011, p. 3

p. 128 Sur le concept de dissonance : *La culture des individus ; dissonances culturelles et distinction de soi*, de Bernard Lahire, La Découverte, 2004

p. 129 « Il y a un roman des masses… » : *Les Voix du silence*, d'André Malraux, Gallimard, 1951, p. 512.

p. 130 « Alors que nous pénétrons… » : « The Invisible Environment : The Future of an Erosion » de Marshall McLuhan, *Perspecta*, vol. 11 (1967), pp. 163-167

p. 132 « La culture du grand public… » : *Nobrow* de John Seabrook, Alfred A. Knopf, New York, 2000, p. 71

p. 133 *Gangnam Style* par Psy : http://www.youtube.com/watch?v=9bZkp7q19f0

p. 133 « La culture commence… » : *cultura_RAM* de José Luis Brea, Gedisa editorial, Barcelone, 2007, p. 13

p. 134 Richard Dawkins : http://www.richarddawkins.net/

p. 135 « Les inventeurs, les artistes, les écrivains.. » : « Lord of the Memes » de David Brooks, *The New York Times*, 8 août 2008

p. 136 « Nombres d'œuvres… » : Aphorisme de Friedrich Schlegel in *Athenaeum* 24, *in* Lacoue-Labarthe & J.-L. Nancy, *L'absolu littéraire. Théorie de la littérature du romantisme allemand*, Le Seuil, 1978, p. 101

p. 136 *La Condition postmoderne : rapport sur le savoir* de Jean-François Lyotard, Minuit, 1979

p. 137 « Ce n'est pas vrai… » : *La civililizacion del espectaculo* de Mario Vargas Llosa, Alfaguara, Madrid, 2012, p. 210

p. 138 Carlo Ginzburg : voir *El Hilo y Las Huellas, lo verdadero, lo falso, lo ficticio*, Fondo de Cultura Economica, Buenos Aires, 2010

p. 138 Épistème et Techne sont traités par Aristote dans le livre IV de L'*Éthique à Nicomaque*

p. 138 « Lire devient… » : « Program or Be Programmed » de Douglas Rushkoff, http://programorbeprogrammed.com/, p. 61-62

p. 139 « Les nombres, les miroirs, … » : *El Secreto de la fama* de Gabriel Zaid, Debolsillo, Barcelone, 2010, p. 112

p. 139 « Mon cerveau manque de fiches » : Jules Renard, *Journal*, 19 sept. 1904, Gallimard, Pléiade, p. 918

p. 141 Sur les systèmes adaptatifs complexes, voir un article de vulgarisation : http://www.codynamics.net/science.htm ; une approche de la CIA : https ://www.cia.gov/library/center-for-the-study-of-intelligence/csi-publications/csi-studies/studies/vol49no3/html_files/Wik_and_% 20Blog_7.htm et le site du Santa Fe Institute : http://www.santafe.edu/

p. 142 « Shit detector » : entretien d'Ernest Hemingway avec George Plimpton, *Paris Review*, n° 18, printemps 1958

CHAPITRE 7. LE CAPITAL

p. 143 La Déclaration d'indépendance du Cyberespace : http://w2.eff.org/Censorship/Internet_censorship_bills/barlow_0296.declaration

p. 144 « Anatomie d'un moteur… » : http://infolab.stanford.edu/~backrub/google.html

p. 145 L'histoire de Google : *The Search* de John Battelle, Portfolio, New York, 2005 ; *Planet Google* de Randall Stross, Free Press, New York, 2008 ; *The Google Story* de David A. Vise, Delacorte Press, New York, 2005

p. 139 match.com : « The Data Game » de David Gelles, *The Financial Time*, 30 et 31 juillet 2011

p. 149 « Le Mac peut devenir… » : http://www.youtube.com/watch?v=9046oXrm7f8

p. 150 Les trois étages de Fernand Braudel : la vision est exprimée dans les deux derniers volumes de *Civilisation matérielle, économie et capitalisme, XVe-XVIIIe*, t. 2 *Les temps de l'échange*, t. 3 *Le Temps du Monde*, Armand Colin. Voir également *La dynamique du capitalisme*, Champs Flammarion, 1988

p. 152 « Nous nous sommes accoutumés… » : commentaire de David Singh Grewald dans *The Guardian* http://www.guardian.co.uk/commentisfree/2008/jul/29/globalisation.globaleconomy

p. 152 « Le mot même… » : *Network Power : The Social Dynamics of Globalization* de David Singh Grewald, Yale University Press, New Haven, 2008, p. 7

p. 155 « Ses producteurs… » *: Finnegan's Wake* de James Joyce, Penguin Twentieth Century Classics, rééd. 1999

p. 155 « Nous ne sommes pas les clients… » : *The Googlization of Everything* de Siva Vaidhyanathan, University of California Press, Berkeley et LA, 2011, p. 3, location 151 sur Kindle

p. 157 *The Economic and Financing of Media Companies* de Robert Picard, 2e éd., Fordham University Press, New York, 2011, pp. 122-123

pp. 162-163 3V, 1S : http://blogs.gartner.com/doug-laney/deja-vvvue-others-claiming-gartners-volume-velocity-variety-construct-for-big-data/

p. 164 Eric Schmidt : voir le troisième point dans http://tech.fortune.cnn.com/2010/03/11/top-five-moments-from-eric-schmidts-talk-in-abu-dhabi/

p. 165 « arrangements institutionnels » : *La gouvernance des biens communs : Pour une nouvelle approche des ressources naturelles* d'Elinor Ostrom, De Boeck, 2010

p. 165 « *creative commons* » : http://creativecommons.fr/ ; voir le blog de Lawrence Lessig : http://www.lessig.org/

CHAPITRE 8.
L'ANCIEN RÉGIME ET LA RÉVOLUTION

p. 168 La « *révolution Twitter* » : « Instant Messenger » de John Gapper, *The Financial Times*, 1er-2 oct. 2011

p. 168 Alexis de Tocqueville, *L'Ancien Régime et la Révolution*, livre III, chap. 1, http://sami.is.free.fr/Œuvres/tocqueville_revolution_3.html

p. 168 « L'existence » : Ernest Renan : *Qu'est-ce qu'une nation ?*, conférence prononcée à la Sorbonne le 11 mars 1882. Le texte a été publié par de nombreux éditeurs et est disponible en ligne. Par exemple : http://www.bmlisieux.com/archives/nation01.htm

p. 170 *Les cadres sociaux de la mémoire*, de Maurice Halbwachs, PUF, 1952, reproduite en 1976, Mouton and co, p. 279

p. 172 « la société est de plus en plus… » : *Liquid Times, living in an age of Uncertainty*, de Zygmunt Bauman, Polity Press, Cambridge, 2007, p. 3

p. 174 La campagne permanente : l'expression apparaît dans un mémo de transition destiné au président élu Jimmy Carter et signé de Patt Caddel, voir l'introduction de *The Permanent Campaign and its Future*, Norman Orstein et Thomas Mann (éd.), The American Enterprise Institute and the Brookings Institution, Washington DC, 2000

p. 174 Sidney Blumenthal, *The Permanent Campaign*, Simon and Schuster, New York, 1982, p. 7

p. 176 *Cluetrain Manifesto*, de Levine, Locke, Searls et Weinberger. : premières phrases : http://cluetrain.com/book/95-theses.html ; principes d'organisation : http://cluetrain.com/book/hyperorg.html

p. 177 « de la séparation et du divorce… » : *Liquid Times, living in an age of Uncertainty*, de Zygmunt Bauman, Polity Press, Cambridge, 2007, p. 1

p. 179 « un espace de notre vie… » : définition de Jürgen Habermas tirée de son article encyclopédique de 1964 : http://www.socpol.unimi.it/docenti/barisione/documenti/File/2008-09/Habermas % 20 % 281964 % 29 % 20- % 20The % 20Public % 20Sphere.pdf ; Réflexion sur Internet tirée de « Political Communication in Media Society : Does Democracy Still Enjoy an Epistemic Dimension ? », *Communication Theory*, 16, n° 4 (2006) : 411-426, Blackwell publishing, note 3 ; voir aussi « A rare interview with Jürgen Habermas » de Stuart Jeffries, *The Financial Times*, 30 avril 2010 http://www.ft.com/intl/cms/s/0/eda3bcd8-5327-11df-813e-00144feab49a.html#axzz2LSn9ppWP

p. 175 « Nous devons abandonner » : *The Phantom Public de* Walter Lippmann, Macmillan, New York, 1927, p. 51

p. 175 *Qui gouverne ?* : *Who Governs ? Democracy and Power in an American City*, de Robert Dahl, Yale University Press, New Haven, 1961

p. 179 Manifeste des Anonymous : http://www.youtube.com/watch?v=iuyd5e9DFIk

p. 183 « Un bon journal… » : Arthur Miller cité par *The Observer*, Londres, 26 nov. 1961

p. 183 La nouvelle de Jules Verne : http://jv.gilead.org.il/feghali/e-lib/journee_journaliste_amer.html

p. 183 « Plus rien ne voyage… » : *When News Was New* de Terhi Rantanen, Wiley-Blackwell, Chichester, 2009, introduction p. XI

p. 186 « l'âge des médias remixés » : *Warp Speed* de Bill Kovach et Tom Rosenstiel, A Century Foundation Book, New York, 1999, pp. 6-7

p. 187 « À l'époque d'Internet… » : *Blur, How to Know What is True in the Age of Information Overload*, de Bill Kovach et Tom Rosenstiel, Bloomsburry, New York, 2010, p. 192

p. 187 « Google est la première entreprise… » : *What Would Google Do ?* de Jeff Jarvis, Collins Business, 2009, p. 9

CHAPITRE 9. LA FOIRE AUX VANITÉS

p. 190 « Le réseau est souvent… » : *Sombrero y Missisippi* de Ray Loriga, El Aleph editores, Barcelone, 2010, p. 100

p. 192 « village global » : *The Gutenberg Galaxy*, de Marshall McLuhan, Routledge and Kegan Paul, Londres, 1962, p. 31

p. 193 « retribalisation » : Le thème est récurrent dans les écrits et entretiens de Marshall McLuhan, voir notamment *The Medium is the Message : an Inventory of Effects*, de McLuhan et Q. Fiore, J. Agel (coord.), Bantam Books, Londres-Toronto, 1967

p. 193 « Les plateformes des médias sociaux… » : « Small change » de Malcom Gladwell, *The New Yorker*, 4 oct. 2010

p. 194 « Le web… » : « Lunch with the FT : Tim Berners-Lee » d'Andrew Edgecliffe-Johnson, *The Financial Times*, 7 sept. 2012, http://www.ft.com/intl/cms/s/2/b022ff6c-f673-11e1-9fff-00144feabdc0.html#axzz2LSn9ppWP

p. 194 sur la parole performative : *Quand dire c'est faire* de John Langshaw Austin, Le Seuil, Paris, 1970

p. 196 « Une zone d'immunité… » : *Histoire de la vie privée, 1. De l'Empire romain à l'an mil*, Philippe Ariès et Georges Duby (dir.), coll. Points Histoire, 1999, préface de Georges Duby, p. 8

p. 199 « Créatures postindustrielles… » : *Distrust That Particular Flavor*, de William Gibson, Viking, Londres, 2012, p. 195

p. 201 *Sur la rumeur* : *On Rumors* de Cass R. Sunstein, Farrar, Strauss and Giroux, New York, 2009

p. 201 citations de David Lodge : *Consciousness and the novel*, Seeker and Warburg, Londres, 2002, pp. 86 et 89

p. 202 « Je ne demande pas… » : « Paradoxe et Vérité », de Gérard de Nerval, article paru dans *L'Artiste*, 2 juin 1844

p. 203 « L'homme moderne… » : *The Ticket That Exploded*, de William S. Burroughs, Grove Press, New York, 1962, pp. 49-50

p. 203 « Les relations interpersonnelles… » : *The Crash of 2008 and What it Means*, Public Affairs, New York, 2008 et 2009, p. 28

p. 204 la thèse de Richard Florida : http://www.creativeclass.com/

p. 204 Le pouce est le nouvel index : « El pulgar es el

nuevo índice » deLizzy Cantú, revue *Etiqueta Negra*, Lima, nº 93

p. 205 « La communication crée… » : *How Real is Real ? Confusion, Disinformation, Communication* de Paul Watzlawick, Vintage Books, 1976, introduction p. XI

Table des matières

Avertissement 7

1. La Condition humaine 9
2. Vie et destin 31
3. L'Écume des jours 53
4. La Carte et le territoire 75
5. Les Mots et les choses 97
6. L'Humeur vagabonde 121
7. Le Capital 143
8. L'Ancien Régime et la Révolution 167
9. La Foire aux vanités 189

Remerciements 207

Bibliographie 209

DES MÊMES AUTEURS

Une presse sans Gutenberg
Grasset, 2005
et « Points », n° P1801, 2007

DE JEAN-FRANÇOIS FOGEL

Morand-Express
Grasset, 1980

Pourquoi écrivez-vous ?
(dirigé par Jean-François Fogel et Daniel Rondeau)
« Le Livre de poche », n° 4086, 1988

La Havane
(avec Olivier Rolin et Jean-Louis Vaudoyer)
Quai Voltaire, 1989

Fin de siècle à La Havane
Les secrets du pouvoir cubain
(avec Bertrand Rosenthal)
Seuil, 1993

Le Rugby
(avec Christian Jaurena)
Lattès, 1994

Le Testament de Pablo Escobar
Grasset, 1994

DE BRUNO PATINO

Pinochet s'en va...
La transition démocratique au Chili : 1988-1994
IHEAL éditions, 2000

RÉALISATION : NORD COMPO À VILLENEUVE-D'ASCQ
IMPRESSION : CPI BRODARD ET TAUPIN À LA FLÈCHE
DÉPÔT LÉGAL : NOVEMBRE 2014. N° 116251 (3006512)
IMPRIMÉ EN FRANCE

Éditions Points

DERNIERS TITRES PARUS

P3206. L'Intégrale des haïkus, *Bashō*
P3207. Le Droit de savoir, *Edwy Plenel*
P3208. Jungle Blues, *Roméo Langlois*
P3209. Exercice d'abandon, *Catherine Guillebaud*
P3210. Le Roman de Bergen. 1999 Le crépuscule – tome V *Gunnar Staalesen*
P3211. Le Roman de Bergen. 1999 Le crépuscule – tome VI *Gunnar Staalesen*
P3212. Amie de ma jeunesse, *Alice Munro*
P3213. Le Roman du mariage, *Jeffrey Eugenides*
P3214. Les baleines se baignent nues, *Eric Gethers*
P3215. Shakespeare n'a jamais fait ça, *Charles Bukowski*
P3216. Ces femmes qui ont réveillé la France *Valérie Bochenek, Jean-Louis Debré*
P3217. Poèmes humains, *César Vallejo*
P3218. Mantra, *Rodrigo Fresán*
P3219. Guerre sale, *Dominique Sylvain*
P3220. Arab Jazz, *Karim Miske*
P3221. Du son sur les murs, *Frantz Delplanque*
P3222. 400 coups de ciseaux et autres histoires, *Thierry Jonquet*
P3223. Brèves de noir, *collectif*
P3224. Les Eaux tumultueuses, *Aharon Appelfeld*
P3225. Le Grand Chambard, *Mo Yan*
P3226. L'Envers du monde, *Thomas B. Reverdy*
P3227. Comment je me suis séparée de ma fille et de mon quasi-fils, *Lydia Flem*
P3228. Avant la fin du monde, *Boris Akounine*
P3229. Au fond de ton cœur, *Torsten Pettersson*
P3230. Je vais passer pour un vieux con. Et autres petites phrases qui en disent long, *Philippe Delerm*
P3231. Chienne de langue française ! Répertoire tendrement agacé des bizarreries du français, *Fabian Bouleau*

P3232. 24 jours, *Ruth Halimi et Émilie Frèche*
P3233. Aventures en Guyane. Journal d'un explorateur disparu *Raymond Maufrais*
P3234. Une belle saloperie, *Robert Littell*
P3235. Fin de course, *C.J. Box*
P3236. Corbeaux. La Trilogie du Minnesota, vol. 3 *Vidar Sundstøl*
P3237. Le Temps, le temps, *Martin Suter*
P3238. Nouvelles du New Yorker, *Ann Beattie*
P3239. L'Embellie, *Audur Ava Ólafsdóttir*
P3240. Boy, *Takeshi Kitano*
P3241. L'Enfance des criminels, *Agnès Grossmann*
P3242. Police scientifique : la révolution. Les vrais experts parlent, *Jacques Pradel*
P3243. Femmes serials killers. Pourquoi les femmes tuent ?, *Peter Vronsky*
P3244. L'Histoire interdite. Révélations sur l'Histoire de France, *Franck Ferrand*
P3245. De l'art de mal s'habiller sans le savoir *Marc Beaugé (illustrations de Bob London)*
P3246. Un homme loyal, *Glenn Taylor*
P3247. Rouge de Paris, *Jean-Paul Desprat*
P3248. Parmi les disparus, *Dan Chaon*
P3249. Le Mystérieux Mr Kidder, *Joyce Carol Oates*
P3250. Poèmes de poilus. Anthologie de poèmes français, anglais, allemands, italiens, russes (1914-1918)
P3251. Étranges Rivages, *Arnaldur Indridason*
P3252. La Grâce des brigands, *Véronique Ovaldé*
P3253. Un passé en noir et blanc, *Michiel Heyns*
P3254. Anagrammes, *Lorrie Moore*
P3255. Les Joueurs, *Stewart O'Nan*
P3256. Embrouille en Provence, *Peter Mayle*
P3257. Parce que tu me plais, *Fabien Prade*
P3258. L'Impossible Miss Ella, *Toni Jordan*
P3259. La Politique du tumulte, *François Médéline*
P3260. La Douceur de la vie, *Paulus Hochgatterer*
P3261. Niceville, *Carsten Stroud*
P3262. Les Jours de l'arc-en-ciel, *Antonio Skarmeta*
P3263. Chronic City, *Jonathan Lethem*
P3264. À moi seul bien des personnages, *John Irving*
P3265. Galaxie foot. Dictionnaire rock, historique et politique du football, *Hubert Artus*
P3266. Patients, *Grand Corps Malade*
P3267. Les Tricheurs, *Jonathan Kellerman*
P3268. Dernier refrain à Ispahan, *Naïri Nahapétian*

P3269. Jamais vue, *Alafair Burke*
P3270. Homeland. La traque, *Andrew Kaplan*
P3271. Les Mots croisés du journal «Le Monde». 80 grilles
Philippe Dupuis
P3272. Comment j'ai appris à lire, *Agnès Desarthe*
P3273. La Grande Embrouille, *Eduardo Mendoza*
P3274. Sauf miracle, bien sûr, *Thierry Bizot*
P3275. L'Excellence de nos aînés, *Ivy Compton-Burnett*
P3276. Le Docteur Thorne, *Anthony Trollope*
P3277. Le Colonel des Zouaves, *Olivier Cadiot*
P3278. Un privé à Tanger, *Emmanuel Hocquard*
P3279. Kind of blue, *Miles Corwin*
P3280. La fille qui avait de la neige dans les cheveux
Ninni Schulman
P3281. L'Archipel du Goulag, *Alexandre Soljénitsyne*
P3282. Moi, Giuseppina Verdi, *Karine Micard*
P3283. Les oies sauvages meurent à Mexico, *Patrick Mahé*
P3284. Le Pont invisible, *Julie Orringer*
P3285. Brèves de copies de bac
P3286. Trop de bonheur, *Alice Munro*
P3287. La Parade des anges, *Jennifer Egan*
P3288. Et mes secrets aussi, *Line Renaud*
P3289. La Lettre perdue, *Martin Hirsch*
P3290. Mes vies d'aventures. L'homme de la mer Rouge
Henry de Monfreid
P3291. Cruelle est la terre des frontières.
Rencontre insolite en Extrême-Orient, *Michel Jan*
P3292. Madame George, *Noëlle Châtelet*
P3293. Contrecoup, *Rachel Cusk*
P3294. L'Homme de Verdigi, *Patrice Franceschi*
P3295. Sept pépins de grenade, *Jane Bradley*
P3296. À qui se fier ?, *Peter Spiegelman*
P3297. Dernière conversation avec Lola Faye, *Thomas H. Cook*
P3298. Écoute-moi, Amirbar, *Álvaro Mutis*
P3299. Fin de cycle. Autopsie d'un système corrompu
Pierre Ballester
P3300. Canada, *Richard Ford*
P3301. Sulak, *Philippe Jaenada*
P3302. Le Garçon incassable, *Florence Seyvos*
P3303. Une enfance de Jésus, *J.M. Coetzee*
P3304. Berceuse, *Chuck Palahniuk*
P3305. L'Homme des hautes solitudes, *James Salter*
P3306. Sur la tombe de ma mère, *Jean Gab'1*
P3307. Le Pacte des vierges, *Vanessa Schneider*
P3308. Le Livre de Jonas, *Dan Chaon*
P3309. Guillaume et Nathalie, *Yanick Lahens*

P3310. Bacchus et moi, *Jay McInerney*
P3311. Plus haut que mes rêves, *Nicolas Hulot*
P3312. Cela devient cher d'être pauvre, *Martin Hirsch*
P3313. Sarkozy-Kadhafi. Histoire secrète d'une trahison
Catherine Graciet
P3314. Le monde comme il me parle, *Olivier de Kersauson*
P3315. Techno Bobo, *Dominique Sylvain*
P3316. Première station avant l'abattoir, *Romain Slocombe*
P3317. Bien mal acquis, *Yrsa Sigurdardottir*
P3318. J'ai voulu oublier ce jour, *Laura Lippman*
P3319. La Fin du vandalisme, *Tom Drury*
P3320. Des femmes disparaissent, *Christian Garcin*
P3321. La Lucarne, *José Saramago*
P3322. Chansons. L'intégrale 1 (1967-1980), *Lou Reed*
P3323. Chansons. L'intégrale 2 (1982-2000), *Lou Reed*
P3324. Le Dictionnaire de Lemprière, *Lawrence Norfolk*
P3325. Le Divan de Staline, *Jean-Daniel Baltassat*
P3326. La Confrérie des moines volants, *Metin Arditi*
P3327. L'Échange des princesses, *Chantal Thomas*
P3328. Le Dernier Arbre, *Tim Gautreaux*
P3329. Le Cœur par effraction, *James Meek*
P3330. Le Justicier d'Athènes, *Petros Markaris*
P3331. La Solitude du manager, *Manuel Vázquez Montalbán*
P3332. Scènes de la vie d'acteur, *Denis Podalydès*
P3333. La vérité sort souvent de la bouche des enfants
Geneviève de la Bretesche
P3334. Crazy Cock, *Henry Miller*
P3335. Soifs, *Marie-Claire Blais*
P3336. L'Œuvre de Dieu, la part du Diable, *John Irving*
P3337. Des voleurs comme nous, *Edward Anderson*
P3338. Nu dans le jardin d'Éden, *Harry Crews*
P3339. Une vérité si délicate, *John le Carré*
P3340. Le Corps humain, *Paolo Giordano*
P3341. Les Saisons de Louveplaine, *Cloé Korman*
P3342. Sept femmes, *Lydie Salvayre*
P3343. Les Remèdes du docteur Irabu, *Hideo Okuda*
P3344. Le Dernier Seigneur de Marsad, *Charif Majdalani*
P3345. Primo, *Maryline Desbiolles*
P3346. La plus belle histoire des femmes
Françoise Héritier, Michelle Perrot, Sylviane Agacinski, Nicole Bacharan
P3347. Le Bidule de Dieu. Une histoire du pénis
Tom Hickman
P3348. Le Grand Café des brèves de comptoir
Jean-Marie Gourio